LK⁷ 1532

# INAUGURATION

DES STATUES

DE

# LA PLACE ET DE MALHERBE,

ET DES BUSTES

de

VARIGNON, ROUELLE AÎNÉ, COLLET-DESCOTILS, FRESNEL,
VAUQUELIN et DUMONT-D'URVILLE,

A Caen, le 5 août 1847,

## SUIVIE DES NOTICES HISTORIQUES.

——◦❋◦——

CAEN,

IMPRIMERIE DE B. DE LAPORTE,

RUE ST-ÉTIENNE, 120.

——

1847.

# INAUGURATION

## DES STATUES

# DE LA PLACE ET DE MALHERBE

### ET DES BUSTES

DE VARIGNON, ROUELLE AÎNÉ, COLLET-DESCOTILS, FRESNEL,
VAUQUELIN ET DUMONT-D'URVILLE.

*A Caen , le 5 août 1847.*

---

## EXPOSÉ PRÉLIMINAIRE.

Au commencement de l'année 1843, lorsque la construction
de l'hôtel de l'Université fut terminée, la Faculté des sciences
présenta au Conseil académique, par l'organe de son Doyen , M.
Thierry , professeur de chimie, la proposition d'adresser une
demande au gouvernement, à l'effet d'obtenir la statue de La
Place pour orner et consacrer, en quelque sorte, le nouvel édifice
élevé sur l'emplacement de l'ancien collège des Arts, où l'auteur
de la *Mécanique Céleste* commença ses études scientifiques. Cette
proposition fut accueillie comme elle devait l'être.

Le Conseil académique était ainsi composé :

MM. l'abbé Daniel, recteur de l'Académie, président.

    Edom, inspecteur de l'Académie.

    Turgot,     id.         id.

    Rousselin, premier président à la Cour royale.

    Bocher, préfet du Calvados.

    Bertauld, procureur général près la Cour royale.

    Donnet, maire de la ville de Caen.

    G. Delisle, doyen de la Faculté de droit.

    Thierry, doyen de la Faculté des sciences.

    Bertrand, doyen de la Faculté des lettres.

    Raisin, directeur de l'école de médecine.

    Lecerf, professeur honoraire à la Faculté de droit.

    Demolombe, professeur à la Faculté de droit.

    Delafoye, professeur à la Faculté des sciences.

    Roger, professeur à la Faculté des lettres.

    Lafosse, professeur à l'école de médecine.

    Sandras, proviseur du collége royal.

    Walras, professeur de philosophie au Collége royal.

    Letellier, secrétaire de l'Académie.

M. le recteur fut chargé par une délibération en date du 25 février 1843, (voir aux pièces annexées, n° 1) de solliciter auprès du gouvernement au nom du Conseil académique, le don d'une statue en bronze de La Place et de prier M. le ministre de l'instruction publique de vouloir bien intervenir auprès de son collègue, M. le ministre de l'intérieur pour appuyer la demande formée en faveur de l'un des principaux établissemens d'instruction supérieure de l'Académie de Caen. Il fut arrêté, par la même délibération, que le Conseil municipal qui avait voté

(120,000 fr.) pour la reconstruction du collége des Arts et l'agrandissement du palais de l'Université, serait informé de la démarche à faire auprès du gouvernement et serait invité à joindre ses vœux à ceux du Conseil académique. Cet appel fut entendu et la proposition fut adoptée à l'unanimité (voir aux pièces annexées, n° 2.) Le gouvernement accueillit favorablement la démarche des deux Conseils, et par une réponse du 29 janvier 1845, promit de contribuer pour une part qui a été de 10,000. (La dépense totale est de 25,000.)

Une commission spéciale fut alors formée pour s'occuper des moyens de réaliser l'œuvre entreprise, elle se composait de

MM. Le baron Thénard, pair de France, membre de l'Institut, vice-président du Conseil royal de l'instruction publique.

Le comte d'Houdetot, pair de France.

Poinsot, membre de l'Institut, conseiller au Conseil royal de l'instruction publique.

Rousselin, premier président de la Cour royale de Caen.

Bocher, préfet du Calvados.

Bertauld, procureur général près la Cour royale.

Donnet, maire de la ville de Caen.

Le comte de Tilly, pair de France.

Lair, conseiller de préfecture.

L'abbé Daniel, recteur de l'Académie.

G Delisle, doyen de la Faculté de droit.

Thierry, doyen de la Faculté des sciences, membre du Conseil municipal ;

Bertrand, doyen de la Faculté des lettres, membre du Conseil municipal ; .

MM. Raisin, directeur de l'Ecole préparatoire de médecine et
de pharmacie;

Sandras, proviseur du collége royal.

Cette commission pensa avec raison qu'en pareille circonstance,
il ne serait pas en vain fait appel aux anciens amis de La Place,
aux membres du corps enseignant et aux sociétés savantes du ressort Académique, enfin à toutes les personnes jalouses d'honorer
la mémoire des hommes qui sont la gloire du pays. La souscription ouverte à cet effet ne tarda pas à produire le complément de
ressources nécessaires.

Le désir ayant été exprimé qu'une statue fut aussi élevée à
Malherbe, et que ces deux monumens fussent érigés sur la place
publique qui sépare le bâtiment affecté à la Faculté des sciences
de celui qu'occupent les Facultés de droit, des lettres et l'Ecole de
médecine, la Commission accueillit les offres d'une nouvelle souscription qui lui furent faites par plusieurs personnes, parmi lesquelles figurait, en première ligne, le vénérable M. Lair. Les
fonds ainsi recueillis permirent de joindre aux deux statues les
bustes de plusieurs notabilités scientifiques de la Basse-Nor-
mandie. Une ordonnance du Roi, rendue le 4 juin 1845 (pièce
annexée n° 3) vint sanctionner ces projets, *en autorisant la
ville de Caen à élever sur une de ses places publiques les statues de La Place et de Malherbe.* Le choix des artistes chargés
de l'exécution avait été approuvé par M. le ministre de l'intérieur.
Les noms de MM. BARRE fils et DANTAN aîné, sculpteurs de Paris,
étaient une garantie de succès.

# PROCÈS-VERBAL DE L'INAUGURATION.

Le jeudi, cinq août, mil huit cent quarante-sept, à quatre heures de l'après-midi, en présence des autorités de la ville et du département et d'un nombreux concours de citoyens, a eu lieu l'inauguration des statues.

Les statues ont été inaugurées sur la place du Palais de l'Université, et les bustes de Varignon, Rouelle aîné, Collet-Descotils, Fresnel, Vauquelin et Dumont-d'Urville, dans le péristyle de l'hôtel de l'Université, à l'entrée des salles de la Faculté des Sciences.

A deux heures et demie, un détachement du 47e régiment de ligne est venu, précédé de la musique, se ranger dans la rue de la Chaîne qui sépare les deux édifices.

A trois heures et demie, les autorités constituées se sont réunies dans le péristyle de l'hôtel de l'Université, d'où elles se sont rendues dans l'enceinte disposée pour la solennité. M. le comte de Salvandy, Ministre de l'instruction publique, Grand-Maître de l'Université, retenu par une maladie douloureuse, n'a pu accomplir la promesse qu'il avait bien voulu faire de venir présider à la solennité.

Le cortége marchait dans l'ordre suivant :

M. Bocher, Maître des Requêtes au Conseil d'état, Préfet du Calvados, accompagné de M. de La Place, général d'artillerie pair de France, fils de l'illustre astronome ;

M. le général Korte, commandant le département ;

Mgr Robin, évêque de Bayeux ;

M. Donnet, maire de la ville de Caen ;

Une députation de la Cour royale ;

MM. les officiers de l'état-major de la subdivision ;

MM. les conseillers de préfecture ;

MM. les membres du tribunal de 1re instance ;

MM. les membres du corps municipal ;

MM. le recteur et les inspecteurs de l'Académie, les doyens et professeurs des Facultés de Droit, des Sciences et des Lettres, les directeur et professeurs de l'école de Médecine et de pharmacie, le Proviseur, les fonctionnaires et professeurs du Collége royal, les Inspecteurs et fonctionnaires de l'Instruction primaire;

MM les officiers de l'état-major de la place ;

MM. les membres du tribunal de commerce ;

Des membres du clergé.;

Des membres des Sociétés savantes de Caen et de Falaise,

La Société d'agriculture, des sciences et des arts de l'arrondissement de Pont-l'Evêque, dans lequel est né La Place, avait désigné pour la représenter, MM. Thierry, doyen de la Faculté des Sciences et Trolley, avocat, professeur à la Faculté de droit.

Au nombre des personnes particulièrement invitées à assister à la cérémonie, étaient MM. Abel Vautier et Delacour, députés de l'arrondissement de Caen, et MM. Barre et Dantan, auteurs des deux statues (1).

Le cortége s'étant rangé autour de la tribune élevée au milieu de l'espace qui sépare les deux statues, M. le Recteur a donné lecture de l'ordonnance du Roi, qui autorise la ville de Caen à ériger sur une de ses places publiques, les deux monumens objet de la solennité.

Après cette lecture, M. le Préfet a fait tomber le voile qui couvrait la statue de La Place (2). L'illustre astronome est représenté

(1) Une députation de l'Ecole Polytechnique, autorisée par le Ministre de la Guerre, a été retenue par les examens de fin d'année.

(2) Elle est en bronze, de la hauteur de 2 m. 35 c, et posée sur un piédestal de 1 m. 85 c. de granit de Vire.

debout en costume de membre de l'Institut de France ; son atti-
tude est noble et simple, il tient à la main un compas et son bras
s'appuie sur une sphère céleste que soutiennent plusieurs volumes
et un socle portant ces mots : MÉCANIQUE CÉLESTE, SYSTÈME
DU MONDE, PROBABILITÉS ; son regard dirigé vers le ciel in-
dique l'objet de ses méditations.

La statue de Malherbe, exécutée dans les mêmes proportions,
représente le poète dans le costume du XVIᵉ siècle. De la main
gauche il tient des tablettes, et de la droite, un crayon ; son atti-
tude et sa physionomie méditative s'accordent avec le caractère
sévère de sa composition poétique.

M. Lair, Conseiller de Préfecture, invité à découvrir la statue
du poète, à la glorification duquel il a tant contribué, a, par un
sentiment de modestie et de délicatesse, déféré cet honneur à M. le
général de La Place.

Alors, M. l'abbé Daniel, Recteur de l'Académie ; M. Thierry,
Doyen de la Faculté des Sciences ; M. Bertrand, Doyen de la Faculté des Lettres, et M. Sorbier, avocat-général à la Cour royale
de Caen, président de l'Académie des Sciences, Arts et Belles-
Lettres de la même ville, sont successivement montés à la tribune
et ont prononcé les discours qui suivent :

### Discours de M. le Recteur.

« Messieurs,

« Si nous ajoutons foi à des accusations souvent répétées, notre siècle est le siècle de l'égoïsme. Il n'a de pensée, de vie et d'ardeur que pour les intérêts matériels, il n'honore et ne cultive les
sciences et les lettres, qu'en vue du profit immédiat qu'on en

2

peut retirer. Les âmes flétries et desséchées, ont laissé tarir la
source des instincts généreux, des sentimens élevés et des grandes pensées. On cherche en vain l'amour du devoir, le dévouement à la patrie, la passion de la gloire, les qualités et les vertus
qui font la force, la dignité et la grandeur non seulement des
individus mais des nations.

« Messieurs, ces accusations seraient-elles fondées? Ne nous
resterait-il qu'à courber tristement nos fronts, marqués par elles
d'un sceau ineffaçable de honte et de dégradation? Nous faudrait-
il reconnaître que la génération qui passe, à l'heure qu'il est, sur
la scène du monde, héritière indigne et dégénérée de celles qui
l'ont précédée, ne léguera aux générations futures que l'exemple
de la décadence et de la stérilité?

« Non, Messieurs, et pour preuve, j'en appelle à ces glorieuses
manifestations de vie, de force et de prospérité; à ces heureux dé-
veloppemens de la civilisation; à toutes ces grandes et utiles créa-
tions que chaque jour voit éclore sur tous les points de notre belle
patrie.

« Y a-t-il, Messieurs, dans l'histoire, une époque où la bien-
faisance et la charité se soient montrées plus actives, plus ingénieuses, plus inépuisables? Si loin que vous remontiez le cours
des siècles, trouvez-vous une époque où l'État et les communes
aient déployé autant d'ardeur et se soient imposé autant de sacri-
fices pour fonder, organiser, entretenir des établissemens destinés
à répandre les trésors de la science depuis les notions les plus élé-
mentaires jusqu'aux connaissances les plus élevées, où l'on ait
vu autant de soins et d'efforts appliqués à la propagation et à la
diffusion des idées, des sentimens et des vertus qui fondent, affer-
missent et généralisent dans toutes les conditions le bien-être mo-

ral, en même temps que le bien-être matériel, qui ajoutent à la vraie grandeur de l'homme et élèvent le niveau général des esprits.

« Non, Messieurs, les accusations que nous venons de rappeler ne s'accordent point avec la vérité.

« J'en appelle à ce pieux et patriotique empressement que manifestent, comme à l'envi, tant de villes, les plus modestes aussi bien que les plus populeuses, pour honorer les personnages célèbres qu'elles ont vu naître. Cette religion des souvenirs, ce culte des grands hommes, où prennent-ils leur source, sinon dans l'amour de la gloire, dans les sentimens de l'âme les plus nobles et les plus vivaces? Or, Messieurs, est-il possible qu'une société qui éprouve de tels sentimens soit une société devenue impuissante à produire des hommes de génie, et incapable de faire des choses grandes et glorieuses? Oui, Messieurs, la France sera féconde en hommes de talent et de génie, tant qu'elle le sera en hommages de respect et d'admiration pour ceux qu'elle a enfantés, et qu'elle se montrera jalouse de glorifier leurs noms et de les vouer à l'immortalité.

J'en atteste aussi, Messieurs, tous ces hommes qui, marchant sur les traces de leurs devanciers, ou s'en frayant de nouvelles avec une heureuse audace, se signalent par de remarquables travaux, d'importantes découvertes, et font faire aux sciences, aux lettres et aux arts de rapides et merveilleux progrès? Ne voyez-vous pas, comme ils sont encouragés et récompensés par les dépositaires du pouvoir, interprètes fidèles de la pensée du monarque sage et éclairé qui, en peuplant le palais désert de Versailles de tous les grands souvenirs, de toutes les illustrations de la France, a rendu le plus magnifique hommage aux gloires natio-

nales et donné au monde un éloquent enseignement et un exemple aussi salutaire que fécond? N'entendez-vous pas prononcer
partout avec éloge le nom de quiconque s'élève au-dessus de la
foule par un mérite réel?

« Il faut le dire, Messieurs, à l'honneur de notre âge, et les
esprits les plus prévenus ne sauraient le nier; si les hommes qui
ont le courage généreux et la louable ambition de se vouer aux
carrières politiques, sont incessamment en butte à des attaques
presque toujours passionnées et injustes, il n'en est pas de même
de ceux qui se distinguent dans les sciences, les lettres et les arts.
Quand il s'agit de les honorer, les partis disparaissent, les divisions
s'effacent, l'envie même se tait ! Jamais en aucun pays, le mérite ne se vit accueilli et apprécié avec une justice et une bienveillance aussi prompte et aussi générale. Jamais le présent ne
décerna avec un aussi judicieux empressement aux gloires du passé, de solennels hommages et de durables monumens.

« Justement renommée pour la sagesse de ses habitans, pour
la culture des sciences et des lettres, pour la multitude d'hommes célèbres qu'elle a produits, et qui lui ont mérité la gloire
d'être considérée, depuis le temps de Lanfranc et de saint Ansel-
me, comme une des capitales intellectuelles de la France, comme
un de ces foyers puissans d'où rayonnent les lumières qui éclairent
et vivifient le pays, la ville de Caen devait, autant et plus que
toute autre, manifester son amour pour les sciences et les lettres,
son dévouement aux établissemens qui leur sont consacrés, et son
admiration et sa reconnaissance pour les hommes de génie qui
l'ont illustrée par leur naissance ou par leurs travaux.

« Elle n'a point failli à ce devoir.

« Répondant à l'appel qui lui a été adressé, elle a relevé de leurs ruines, restauré et complété d'une manière digne d'elle les bâtimens de son antique et célèbre université ; elle en a fait, pour nos établissemens de haut enseignement et nos riches collections, une demeure en rapport avec celle de son magnifique Collége royal, et, lorsque, touché de cet acte de munificence éclairée, et mu par le sentiment de gratitude qu'il fait naître, le conseil académique a pris l'initiative d'un hommage à rendre à quelques-uns des grands hommes qui ont dû à son ancienne Université ou aux établissemens qui la remplacent, les études qui ont fécondé leur génie, et commencé leur immortelle renommée, la ville de Caen a témoigné pour ce projet de vives sympathies qu'ont partagé avec elle la jeunesse des Écoles, les Sociétés savantes et l'élite du pays.

« Grâce à ces nobles sympathies, à cet amour et à cette admiration tout à la fois instinctive et réfléchie que ressentent les populations normandes pour les sciences et les lettres et pour ceux qui se distinguent en les cultivant, il nous est donné d'inaugurer des statues au Newton français, à La Place, l'immortel auteur de la mécanique céleste, et à Malherbe, qui opéra la révolution d'où datent la poésie et la littérature française ; il nous est donné d'honorer, en leur consacrant des bustes, l'abbé Varignon, l'un des plus profonds mathématiciens du grand siècle ; Rouelle aîné, l'un des créateurs de la chimie ; Vauquelin et Collet-Descostils, dignes successeurs de Rouelle ; Fresnel, dont les découvertes sur la lumière sont si belles et si utiles, et enfin l'infortuné Dumont-d'Urville, qui a trouvé dans une horrible catastrophe le terme prématuré d'une vie déjà glorieuse et bien remplie, et qui promettait de le devenir beaucoup plus encore.

« Non, Messieurs, le siècle qui voit se multiplier si rapidement et se révéler avec tant d'éclat des hommes et des faits tels que ceux que nous ne faisons qu'indiquer ici, n'est pas sans grandeur et sans gloire. Si, semblable à une statue monumentale qui, examinée de trop près, paraît grossière et imparfaite, il offre à l'observateur superficiel des taches et des défauts qui le choquent, considéré sous son vrai point de vue et dans son ensemble, le XIXe siècle frappe par sa grandeur et par la beauté et l'harmonie des proportions. Fort de ses œuvres, il doit attendre avec confiance de quiconque ne le jugera qu'après un examen approfondi, et surtout de l'avenir, l'impartiale justice et le tribut d'éloges qu'il rend lui-même au passé. N'en doutons pas, Messieurs, alors qu'elle aura disparu dans l'abîme où se sont évanouies celles qui l'ont précédée, notre génération, vivante encore et vivante à toujours par tout ce qu'elle aura créé, maintenu et propagé de bon, de grand et de beau, sera bénie et admirée des générations futures. Il sortira de son sein des hommes illustres, qui mériteront à leur tour les hommages que nous dédions à leurs devanciers.

« En prenant part, en ce qu'il a de plus louable, au mouvement qui anime et emporte notre siècle, en nous aidant à placer, à l'entrée de nos écoles, les statues et les bustes que nous inaugurons, vous aurez contribué, Messieurs, à appeler sur notre temps l'admiration et les bénédictions de l'avenir, vous aurez donné à la jeunesse la plus éloquente et la plus persuasive des leçons, vous aurez éveillé peut-être des vocations qui s'ignorent, des génies qui sommeillent, vous aurez du moins soutenu et enflammé l'ardeur de ces jeunes hommes qui se distinguaient naguère dans nos écoles et qui brillent aujourd'hui dans le monde savant, dignement appréciés et récompensés par le chef illustre qui préside aux destinées de l'Université avec un dévouement aussi éclairé qu'infatigable.

« Nous sommes heureux, Messieurs, d'avoir, en terminant, à remplir un devoir, à exprimer, au nom du corps académique, notre profonde gratitude pour le concours généreux qu'ils nous ont prêté :

« Au Roi, aux Princes, aux Ministres, au Directeur des Beaux-Arts ;

« A l'Ecole Polytechnique, la première école scientifique du monde ;

« Aux Sociétés savantes de Caen et de Falaise ;

« Aux Collèges du ressort académique ;

« Aux familles des hommes célèbres que nous honorons ;

« A tous ceux de nos concitoyens qui se sont en si grand nombre associés à notre patriotique entreprise, et, en particulier à, celui dont je n'ai pas besoin de prononcer le nom, parce que, vénéré de tous, il est ici dans tous les cœurs et dans toutes les bouches ;

« Aux artistes habiles qui ont exécuté les remarquables monumens qui vont être un ornement pour la cité, en même temps qu'un témoignage solennel de votre dévouement aux gloires du pays. »

---

### Discours de M. le Doyen de la Faculté des Sciences.

« Messieurs,

« Lorsqu'au milieu de cette nombreuse et imposante assemblée, j'ose, au nom de la Faculté des sciences, élever une faible voix, ne suis-je pas téméraire ?—Assurément mes appréhensions sont fondées ; — et cependant, comme entraîné par une force irrésistible, je m'expose à leurs périlleuses conséquences, ou plutôt je me résigne à les subir. En effet, dans cette belle journée, dans cette patriotique solennité, pourrions-nous, mes collègues et moi, garder le silence, et ne pas exprimer la joie que nous éprouvons, en voyant nos vœux réalisés?

« Il ne nous suffisait pas, messieurs, que non loin de cette cité, au lieu où naquit La Place, sa mémoire eût reçu de justes et touchans hommages ; nous sentions que, nous aussi, avions le droit de lui en décerner, sur le sol des écoles où commencèrent ses études mathématiques, et où Gadebled et Lecanu, membres révérés de notre ancienne université, eurent l'immortel honneur de le compter parmi leurs disciples...

« En lui dressant une statue, c'est moins La Place que nous glorifions, que son pays et le nôtre ; car, personnellement, l'auteur de la *Mécanique céleste* n'en avait pas besoin. N'a-t-il pas érigé de ses propres mains le monument de sa gloire?... monument colossal! qui brillera dans tous les temps ; qui, par sa hauteur et son éclat, sera à jamais signalé de tous les points du monde savant, quelle que soit l'extension de ce monde dans les âges futurs!

« La patrie des grands génies n'a point de bornes ; — c'est un motif pour les heureuses contrées où il a plu au créateur de les faire surgir, d'en revendiquer le glorieux bénéfice. Certes, messieurs, il nous appartient de jouir des faveurs que le ciel nous a accordées : et nous usons légitimement de nos droits, quand nous plaçons, ici, près l'un de l'autre, l'illustre poëte qui le premier, en France, sut révéler aux écrivains nationaux la source du beau dans l'expression de la pensée ; et le digne émule de Newton, l'ami et le collaborateur de Lavoisier, le profond, le grand géomètre

qui, plus complètement que ses devanciers, a par les nombres, dé-
voilé le sublime dans l'ordre physique, et soumis à des calculs
transcendans, jusqu'à lui inusités, les harmonies de l'univers !

« A la vue, en face de nos écoles, de ces deux princes des lettres et de la science ; à la vue pareillement du noble cortége des
personnages que renferme déjà ou que doit renfermer bientôt l'enceinte voisine ; à la vue des Rouelle, des Varignon, des Gentil de
Lagalaisière, des Vicq-d'Azir, des Vauquelin, des Collet-Descotils,
des Dumont-d'Urville, de ces hommes éminens, dont le mérite et
les services ont honoré la Normandie, l'étranger reconnaîtra nos
gloires,— et à notre tour, messieurs, contemplant ces grandes figures, auxquelles, sans nul doute, dans le palais univer-
sitaire, seront aussi réunies les images des Segrais et des Malfilâtre, des Mézerai, des Huet, des Delarue, des Chênedollé, et d'autres normands encore, nés en deçà de la Seine, qui ont illustré les
lettres, les arts, la médecine et la jurisprudence, nous et nos des-
cendans pourrons, avec un noble orgueil, avec bonheur, penser et
dire : si, pour tous, ils furent des maîtres ; ils furent de plus pour
nous des concitoyens. »

### Discours de M. le Doyen de la Faculté des Lettres.

« Messieurs,

«Ce n'est point un étroit patriotisme qui nous a fait réunir, dans
les mêmes honneurs, le poète que cette cité vit naître au mathématicien fameux qui vint y puiser les leçons de la science. Le
nom de Malherbe, si distingué qu'il soit dans les fastes de notre

3

littérature, ne l'emporte pas, sans doute, à nos yeux, sur tous les beaux noms qui forment la couronne poétique de la France, comme, dans un autre domaine, le nom de Laplace domine tous les noms : mais il est permis à nos villes de rappeler avec orgueil le tribut d'illustration payé par elles à la commune patrie. D'ailleurs, en honorant les personnages célèbres qui sont sortis de leur sein, c'est l'Empire entier qu'elles honorent, puisque ce sont les rayons dont se compose sa majestueuse auréole. Et lorsque l'étranger, qui visite leurs monumens, rencontre ces statues nombreuses, qui reproduisent les traits d'autant de grands hommes, c'est la France qu'il admire dans cette fécondité glorieuse, en même temps qu'il conçoit une haute idée du peuple qui récompense ainsi l'héroïsme et le génie.

« Si Laplace nous apparaît au milieu d'un cortége de savans qui doivent le jour à la même contrée, les lettres ne sont pas non plus réduites parmi nous à un nom solitaire. Sans sortir de notre cité, elles pouvaient choisir leur représentant, pour en décorer ce palais ; car la ville de Malherbe compte aussi les Huet, les Segrais, les Malfilâtre, au nombre de ses enfans. Mais celui-là méritait le premier honneur, qui a conquis la plus vaste renommée et rendu les services les plus signalés à la littérature nationale. Malherbe ne fut pas seulement le précurseur du siècle d'or de notre poésie ; il a eu le mérite de l'avoir préparé.

« Pour que les œuvres littéraires soient destinées à l'immortalité, il ne suffit pas de la conception du génie ; il faut encore un langage propre à revêtir les grandes pensées et les sentimens nobles ou pathétiques ; de même que, sans un burin habile, l'imagination la plus puissante ne saurait jamais donner la vie à l'airain. Avant Malherbe, notre langue poétique ne connaissait ni cette dignité d'expression, ni cette imposante harmonie du rhythme, sans lesquelles le poète ne peut rendre avec convenance ce qu'il y a de plus élevé dans notre âme. Des essais malheureux semblaient la condamner à n'exprimer avec succès que la naiveté, la finesse et la grâce. Elle avait des Marot ; mais rien encore ne faisait pressentir les Corneille et les Racine. C'est à Malherbe qu'est dû l'honneur d'avoir su tirer du propre fonds de l'idiome national une langue tout à la fois naturelle et majestueuse, et de l'avoir soumise aux formes rhythmiques les plus appropriées à sa nature et les plus belles.

« Il est donc permis d'attribuer à Malherbe une partie de la gloire littéraire du beau siècle : et s'il est vrai que le caractère dominant des compositions poétiques s'imprime en traces profondes dans les idées et les sentimens des peuples, Malherbe aurait aussi sa part dans l'élévation des idées et des sentimens qui fut popularisée en France par les chants de ses successeurs.

« Quand le vaisseau vogue avec majesté sur les mers, on ne songe plus à l'art puissant qui lança aux flots son immense carène : ainsi, en admirant les chefs-d'œuvre littéraires, on oublie les fécondes élaborations du génie humain, et les obstacles qu'il devait franchir, avant d'arriver aux beautés sublimes. C'est qu'il est plus facile de contempler le vaisseau qui déploie ses voiles aux vents, que de se rendre compte des ressources des arts qui ont enfanté la merveille. De même, il faut autre chose qu'une attention vulgaire pour distinguer, dans les monumens d'une littérature, ceux qui ont servi de degré pour arriver à la production des autres. Ce n'est pas sans étude que l'on appréciera complètement l'heureuse influence de Malherbe sur l'enfantement de tant de beautés qui vont éclore ; mais aussi, plus il sera soumis à nos investigations, plus nous verrons grandir la part d'honneur qui lui revient justement dans le vaste ensemble.

« Il n'est pas non plus donné à tous de reconnaître, dans les œuvres d'un poète, ce qui tient à son temps ou ce qui naissait instinctivement de son âme. Il y a des nécessités qui dominent la société entière et qui déplacent le pouvoir d'exciter l'enthousiasme. Lorsqu'un monde d'idées nous sépare de Malherbe, il n'est guère étonnant que les objets de ses vers n'obtiennent pas toujours notre sympathie. Dans ces temps de despotisme, de factions et d'intolérance, comment aurait-il chanté la patrie ? Y a-t-il une patrie pour ceux qui n'ont pas connu la liberté ? Longtemps encore après Malherbe, c'était en se faisant les citoyens de Rome et de la Grèce que nos poètes s'échauffaient de leurs inspirations les plus généreuses. Français du XIXᵉ siècle, nous qui jouissons, au sein d'une patrie glorieuse et libre, de toutes les conquêtes de l'esprit humain, ne jugeons pas les productions des autres siècles au point de vue de nos propres idées, dont le triomphe assez récent a coûté tant d'efforts. Pour avoir une juste appréciation de l'homme, dans notre poète, il faudrait le dégager, par la pensée, des influences irrésistibles qu'il subissait avec tous ses contemporains. Ah ! si nous le supposions transporté au milieu de notre France, à nous, tel que l'avait formé la nature, fier, indépendant, courageux, doué d'une inébranlable constance, tout d'un jet, comme le bronze qui nous offre son image, ses chants les plus beaux eussent été pour la patrie, comme sa brave épée eût su la défendre.

« Mais, s'il n'a pas vécu au temps de la moisson, il n'en mérite pas moins la reconnaissance de la postérité, pour son fructueux labeur dans le défrichement du champ des arts. Et quand la prépondérance de notre nation en Europe n'est pas moins due à notre langue et à notre littérature qu'à la force de nos armes, c'est doublement la dette de la France que nous acquittons aujourd'hui, en élevant enfin ce monument à celui que ses contemporains ont nommé le poète des princes et le prince des poètes.

« Grâces en soient rendues à ceux qui ont procuré cette nouvelle gloire à la ville de Malherbe, mais surtout à l'excellent citoyen qui, le premier, revendiqua, pour notre poète, l'hommage dû à l'une de nos illustrations nationales !

« Déjà, par ses soins et sa munificence, l'art du graveur avait reproduit les traits de Malherbe, et la médaille du poète avait inauguré la *galerie métallique des grands hommes français ;* et si la statue de Malherbe orne maintenant le palais des Sciences et des Lettres, pour l'honneur de la cité et de la France, nous le devons encore à son initiative généreuse. Mais où porter les regards, dans nos murs, sans y rencontrer les traces de sa générosité et de son patriotisme ? Sa longue vie, toute consacrée au bien, à l'encouragement des arts, aux progrès de l'industrie, au soulagement de l'humanité, à toutes sortes de bienfaits, est pour nous l'exemple le plus frappant de ce que peut la persévérance du dévouement. Qu'il reçoive donc, le vénérable vieillard, l'expression de notre reconnaissance ! Que la fête de Malherbe soit aussi parmi nous sa fête ! Qu'il jouisse jusqu'au fond de l'âme d'un bonheur bien rare parmi les hommes, en songeant que dans cette foule si nombreuse, que dans cette ville tout entière, il n'y pas un seul de ses concitoyens qui ne l'environne de son respect et de son amour ! »

### Discours de M. Sorbier, Avocat-Général et Président de l'Académie des Sciences, Arts et Belles-Lettres de Caen.

Messieurs,

N'est-il pas vrai que tout ce qui a de la grandeur ou de l'am bition sur la terre, sur ce théâtre où tout est si fugitif, se dispute les regards des siècles et leurs applaudissements ? Est-il un bien au monde, que les hommes souhaitent tant que l'immortalité ? Sans doute, il se rencontre des esprits qui s'alimentent du seul plaisir de découvrir des idées nouvelles; il est des âmes qui, en faisant le bien, ont obéi au devoir, n'ont obéi qu'à lui, et à qui de sublimes actions sont échappées en silence.

Mais, ne pensez-vous pas que le désir de se survivre est en gé- ral la principale source des nobles efforts et des merveilles qui s'o- pèrent dans les sciences et les arts ? La vie n'est point ce qui passe, mais ce qui demeure. Ne faut-il pas avoir foi dans la gloire, pour trouver l'inspiration du génie ? Peut-on douter que l'enthousiasme ne soit le père des grandes choses ? Puis, quand le cœur est tout entier dans ce qu'il veut, il jouit admirablement de l'existence.

Eh bien ! voulons-nous étendre l'empire des arts, multiplier les conquêtes de l'intelligence, soyons reconnaissans envers les hom- mes généreux qui n'ont vécu que pour la science et pour le pays. Ne sentez-vous pas que le premier effet des récompenses qu'on leur décerne, est d'entretenir cette flamme céleste, l'émulation, qui excite le génie, aplanit devant lui les obstacles, lui dissimule la longueur de la route, et l'emportant sur ses ailes rapides, le fait arriver jusqu'aux cieux ?

Voyez aussi le culte touchant et profond que l'on déploie en France, pour le souvenir de tous ceux qui ont conquis par leurs travaux ou leurs vertus, cette éternité humaine qu'on appelle la gloire ! Tandis que le roi fait du palais élevé par l'un de ses aïeux, le sanctuaire où rayonnent en faisceau toutes les gloires nationales, partout on demande au marbre, au bronze, à la peinture, de faire revivre les hommes qui ont illustré le pays. Car, dans ce royaume de France, il n'est pas un coin de terre où n'ait germé comme un glorieux épi, la mémoire de l'un de ces élus de la destinée qui portent au front le sceau lumineux du génie.

Berceau de tant de rares esprits, patrie de l'homme immortel qui vient de donner à notre globe un frère de plus dans les cieux, la Normandie célèbre entre toutes les provinces pour les difficiles labeurs, pour la grandeur des souvenirs historiques et l'éclat des œuvres accomplies, la Normandie que je puis moi, louer sans réserve, a pris une large part à ce mouvement, à ces hymnes de la reconnaissance publique.

Aujourd'hui la ville des loisirs poétiques et des rêveries studieuses, Caen rend des honneurs publics à deux illustres normands, et orne cette enceinte de leur image.

Plus de deux cents ans ont passé sur la cendre de l'un des héros de la fête patriotique qui nous rassemble ici, et il vit encore impérissable ! Nul de vous n'ignore les services immenses que Malherbe rendit à notre langue naissante ; il en fut le législateur et en sauva la nationalité.

Henri IV, qui aimait la gloire et savait que les belles actions deviennent plus belles en passant par la bouche des poètes, rechercha Malherbe. Le monarque avait mis la paix dans la société, il restait à l'établir dans les mots ; ce fut l'œuvre de Malherbe, à qui on ne pardonna pas d'avoir réussi. L'envie se déchaîna contre lui. Cependant le champ des lettres est comme le ciel; il y a place pour toutes les étoiles; la gloire a des trésors qu'on ne peut jamais épuiser. Mais si l'homme outrage, le temps venge ; et on ne pouvait mieux venger Malherbe, qu'en lui élevant une statue à côté de celle de l'un de ces puissans génies que la nature produit de loin en loin, pour consoler les hommes en leur montrant toute la sublimité de l'intelligence.

Messieurs, vous parlerai-je de La Place? Mais sa vie est partout comme sa renommée. Son nom a retenti dans tous les lieux du monde où les sciences sont honorées. La gloire des grands hommes n'est pas renfermée sous le marbre qui les couvre; la terre entière est leur mausolée. Qui ne connaît les admirables découvertes de La Place?

> Lui qui sut de Newton agrandir le compas,
> Et s'ouvrant un sillon dans les champs de l'espace.
> Y fit encore un nouveau pas. (1)

Dans un pays voisin, les chefs de l'Etat voulurent que les restes mortels de Newton, ce grand révélateur de l'esprit humain, fussent solennellement déposés parmi les tombes royales. La France et l'Europe ont offert déjà à la mémoire de La Place une expression de leurs regrets moins fastueuse sans doute, mais peut-être plus touchante et plus vraie. Le deuil universel des sciences, qui fut, lors de sa mort, si noblement et si librement exprimé, les brillans hommages que vous lui décernez en ce jour, n'ont pas moins de vérité et d'éclat que les pompes sépulcrales de Westminster.

---

(1) Chênedollé.

Qu'on ne dise donc plus que notre siècle n'a de sympathie et de récompenses que pour les ambitions vulgaires et égoïstes, que nos fronts courbés vers la terre ne savent plus se relever vers le ciel. N'écoutons pas ces voix sinistres qui se complaisent à proclamer la décadence morale de la France; la France est toujours à la tête du mouvement qui entraîne les sociétés modernes. Les lettres ont encore de glorieux organes; les arts n'ont pas perdu la magnificence de leur langage; les sciences ne s'étaient jamais élevées à une si grande hauteur; notre drapeau n'a pas cessé d'être aux yeux des peuples, le symbole de la liberté et de la civilisation. La France, a dit un écrivain célèbre, ou soleil ou volcan, doit éclairer la terre! Oui, messieurs, la France, est toujours la grande nation, est toujours le foyer sacré d'où jaillit la lumière qui doit inonder le monde.

Ces divers discours ont été suivis des applaudissemens unanimes de l'assemblée.

Le cortége s'est ensuite retiré dans le péristyle de l'hôtel de l'Université, où il s'est séparé.

Les vastes galeries du Musée d'Histoire naturelle, inaugurées ce jour même, sont restées ouvertes jusqu'à six heures, à la foule empressée d'en admirer la richesse et la belle ordonnance.

A sept heures, un banquet offert par le Conseil académique et la Commission des statues, a réuni dans une des salles du Collége royal les principales Autorités et les personnes particulièrement invitées à cette cérémonie, dont la ville de Caen conservera un précieux souvenir.

Fait et arrêté à Caen, les jour et an susdits.

BOCHER, DONNET, LAIR, DANIEL, G. DELISLE, THIERRY, BERTRAND, RAISIN.

L'Inspecteur de l'Académie, chargé de la rédaction du présent procès-verbal,

EDOM.

---

# UNIVERSITÉ DE FRANCE.

—

*Extrait du Registre des délibérations du Conseil académique de Caen.*

Séance du 23 février 1843.

—

Aujourd'hui 25 février 1843,

Le Conseil académique de Caen s'est réuni au lieu ordinaire de ses séances, sous la présidence de M. Daniel, Recteur :

. . . . . . . . . . . . . . . . . . . . . . . . . . . . . . . . . . . . . . . . . . . . . . . . . . .

. . . . . . . . . . . . . . . . . . . . . . . . . . . . . . . . . . . . . . . . . . . . . . . . . . .

M. Bertrand, au nom de la commission spéciale chargée dans la dernière séance d'examiner le projet d'élever une statue à Laplace, fait le rapport suivant :

Messieurs,

Dans votre dernière séance, vous avez renvoyé à l'examen d'une commission spéciale la proposition qui vous était faite, au nom de la Faculté des sciences, par M. le Doyen de cette Faculté, d'adresser une demande au gouvernement, à l'effet d'obtenir la statue de La Place, pour le nouveau bâtiment destiné à notre enseignement scientifique supérieur, qui occupe l'emplacement de l'ancien collége des Arts. C'est comme interprète de cette commission que j'ai l'honneur de soumettre au Conseil quelques considérations et le projet d'arrêté qui en est la conséquence.

Les statues des grands hommes et les autres monumens consacrés à perpétuer leur souvenir n'ont pas seulement pour but de les honorer : l'exemple est un mobile puissant surtout pour la jeunesse : le peuple qui expose aux yeux de la génération qui s'élève les images de ceux qui l'ont illustré par leurs vertus, par leur génie, par leurs hauts faits, se prépare des illustrations nouvelles. Et s'il n'est donné qu'à un petit nombre de parvenir jusqu'aux hauteurs, les efforts tentés par ceux qui sont sensibles à l'aiguillon produisent des résultats qui, sans être toujours éclatans, n'en sont pas moins réels.

Parmi les hommes de génie dont notre patrie est fière, l'auteur de la Mécanique céleste paraît aux premiers rangs. Sa gloire n'est point de celles qui ont coûté du sang et des larmes : le nom de La Place n'éveille que des idées qui rehaussent l'humanité, en rappelant que, chez lui, l'esprit humain a atteint une hauteur presque divine, et conquis à la science la plus positive et la plus rigoureuse une partie des lois qui président à l'ordonnance des mondes. C'est donc un de ceux dont l'art ne saurait reproduire les traits et auxquels l'Etat peut élever des statues avec le plus légitime orgueil et la munificence la plus judicieuse. Il n'y a point à craindre pour le Newton français ces réactions si fréquentes dans la sphère incertaine des opinions, où l'esprit de parti et de système fait et défait les grands hommes.

Mais où la statue de La Place pourrait-elle être plus convenablement offerte aux regards, que dans le lieu, voisin de celui de sa naissance, qui fut, pour le fils du pauvre paysan de Beaumont-en-Auge, le point de départ de sa glorieuse carrière ?

C'est dans le collége des Arts, à Caen, que La Place commença ses études scientifiques, à l'endroit même où nous voyons maintenant les salles de mathématiques, de physique et de chimie de la Faculté des sciences. Lorsque la ville de Caen a répondu avec un empressement généreux à la demande qui lui a été faite en faveur de ses établissemens de haut enseignement, et que M. le ministre de l'instruction publique a déjà prouvé, par des allocations considérables, combien il a apprécié les efforts du Conseil municipal, et (qu'il nous soit permis de le dire) nos efforts à tous, et surtout ceux du chef de cette Académie, le moment nous a semblé venu de faire un appel à M. le ministre de l'intérieur, et de lui demander, pour le bâtiment nouveau, une statue en marbre de La Place. Ce serait tout à la fois un digne ornement pour le local de la Faculté des sciences, et un témoignage de bienveillance du gouvernement envers la ville, qui a si bien compris ses intérêts et les intérêts de l'instruction publique. Ce serait encore un juste honneur rendu à la mémoire de l'un des plus illustres enfans de notre contrée; mais surtout ce serait un aiguillon et un enseignement salutaire pour la jeunesse de nos écoles. Car ce n'est pas seulement par un don gratuit du ciel que La Place s'est élevé si haut parmi les hommes : il lui a fallu de longs travaux pour la fructification de son génie : ce n'est qu'après avoir lutté avec constance et courage qu'il s'est frayé un chemin, et qu'il a mérité d'être compté au nombre des gloires les plus brillantes de sa patrie et de l'humanité.

Nous avons un motif de plus pour espérer que notre vœu serait favorablement accueilli par le gouvernement dans le don qu'il a fait récemment de la statue du célèbre avocat Gerbier à la ville de Rennes, qui l'a vu naître. La réunion de circonstances sur laquelle s'appuie notre demande ne cède en rien à tout ce qui peut être pris en considération dans des cas analogues.

Comme il s'agit pour nous d'un nom dont l'illustration intéresse le département du Calvados et la ville de Caen en particulier, votre commission a pensé qu'il y aurait convenance et utilité à ce que le Conseil municipal de Caen fût informé, par M. le Recteur, de la démarche que vous auriez résolu de faire auprès du gouvernement, et invité à réunir son vœu à celui du Conseil académique, pour l'obtention de la statue de La Place.

Le Conseil,

Ouï le rapport qui précède,

Et adoptant à l'unanimité les conclusions de M. le rapporteur,

Arrête :

Article 1er.

M. le Recteur est invité à solliciter auprès du gouvernement, au nom du Conseil académique, le don d'une statue en marbre de La Place, pour être élevée dans l'intérieur du nouveau local occupé par la Faculté des sciences, sur l'emplacement de l'ancien collége des Arts, au lieu même où l'auteur de la Mécanique céleste a commencé ses études scientifiques.

### Article 2.

M. le Ministre de l'instruction publique sera prié par M. le Recteur, au nom du Conseil, de vouloir bien intervenir auprès de M. le ministre de l'intérieur, pour appuyer la demande formée en faveur de l'un des principaux établissemens d'instruction supérieure de l'Académie de Caen.

Fait et arrêté à Caen, les jour, mois et an susdits.

Signés : DANIEL, Président, et LECAUDEY, Secrétaire-suppléant.

Pour extrait conforme :

*Le Secrétaire de l'Académie suppléant,*

E. LECAUDEY.

(N° 2.)

*Extrait du régistre des délibérations du Conseil municipal de la ville de Caen.*

L'an mil huit cent quarante-trois, le dix mars à sept heures du soir.

Le Conseil municipal de la ville de Caen, sur la convocation de M. le maire, s'est réuni à l'hôtel-de-ville pour délibérer sur diverses affaires.

Étaient présens MM. Donnet, maire, président; Ameline, secrétaire adjoint; Deslongchamps, Bouillie, marquis d'Héricy, Seigneurie, Defaucamberge, Auguste Marie, Fayel, Armand de Bernetz, C. Chemin, Faucon-Duquesnay, Roger de la Chouquais, Thierry, F.-G. Bertrand, Vautier, Gervais, Le Vardois, vicomte de Tilly, Regnault, Thomine-Desmasures fils, Hamard jeune, J. Prempain.

M. le président donne lecture de la lettre de M. le préfet en date du 9 mars, qui autorise la convocation extraordinaire de ce jour.

Il est donné connaissance au Conseil, etc.

M. le maire communique une délibération prise par le Conseil académique de Caen, qui invite M. le Recteur à solliciter auprès du gouvernement, le don d'une statue en marbre de La Place, pour être élevée dans l'intérieur du nouveau local occupé par la Faculté des sciences.

Le Conseil adopte l'opinion émise dans cette délibération et les considérations puissantes qui lui servent de base, s'associe unanimement au vœu exprimé par le Conseil académique, et en attend avec confiance la prompte réalisation.

A neuf heures la séance est levée.

De ce que dessus a été rédigé le présent procès-verbal, que les membres présens à la séance ont signé après lecture.

Suivent les signatures :

Pour copie conforme,                    Pour copie conforme,

*Le secrétaire de l'Académie, sup.,*    *Le maire de la ville de Caen,*

*Signé :* E. LECAUDEY.                  *Signé :* DONNET.

# ORDONNANCE ROYALE. — (N° 3.)

Louis-Philippe roi des Français,

A tous présens et à venir, salut.

Sur le rapport de notre ministre, secrétaire d'Etat au département de l'intérieur.

Nous avons ordonné et ordonnons ce qui suit :

### Art. 1er.

La ville de Caen (Calvados) est autorisée à élever sur une de ses places publiques, au moyen des fonds réunis à cet effet, les statues de Malherbe et de La Place.

### Art. 2.

Notre ministre, secrétaire d'Etat au département de l'intérieur est chargé de l'exécution de la présente ordonnance.

Au palais de Neuilly, le 4 juin 1845.

Signé : Louis-Philippe,

Par le roi.

Le ministre, secrétaire d'Etat au département de l'intérieur.

Signé : T. Duchatel.

Pour ampliation :

Le sous-secrétaire d'Etat au département de l'intérieur.

Signé : A. Passy.

Pour copie conforme,

Le conseiller de préfecture, délégué.

P. A. Lair.

# NOTICES

sur

## MALHERBE, LA PLACE,

VARIGNON, ROUELLE, VAUQUELIN, DESCOTILS, FRESNEL,
ET DUMONT-D'URVILLE.

Caen.—Imp. de B. DE LAPORTE.

# NOTICES

## SUR

# MALHERBE, LA PLACE,

VARIGNON, ROUELLE, VAUQUELIN, DESCOTILS, FRESNEL
ET DUMONT-D'URVILLE,

PAR

## MM. L. PUISEUX,

Professeur d'histoire au Collége royal de Caen, Secrétaire-adjoint de la Société des
Antiquaires de Normandie,

ET

## E. CHARLES,

PROFESSEUR AU COLLÉGE ROYAL DE CAEN,

PRÉCÉDÉES DU PROCÈS-VERBAL DE LA CÉRÉMONIE D'INAUGURATION,
ET DES DISCOURS QUI Y ONT ÉTÉ PRONONCÉS

par

MM. l'abbé Daniel, Thierry, Bertrand et Sorbier.

CAEN,

B. DE LAPORTE, IMPRIMEUR-ÉDITEUR,
Rue St-Etienne, 120.

1847.

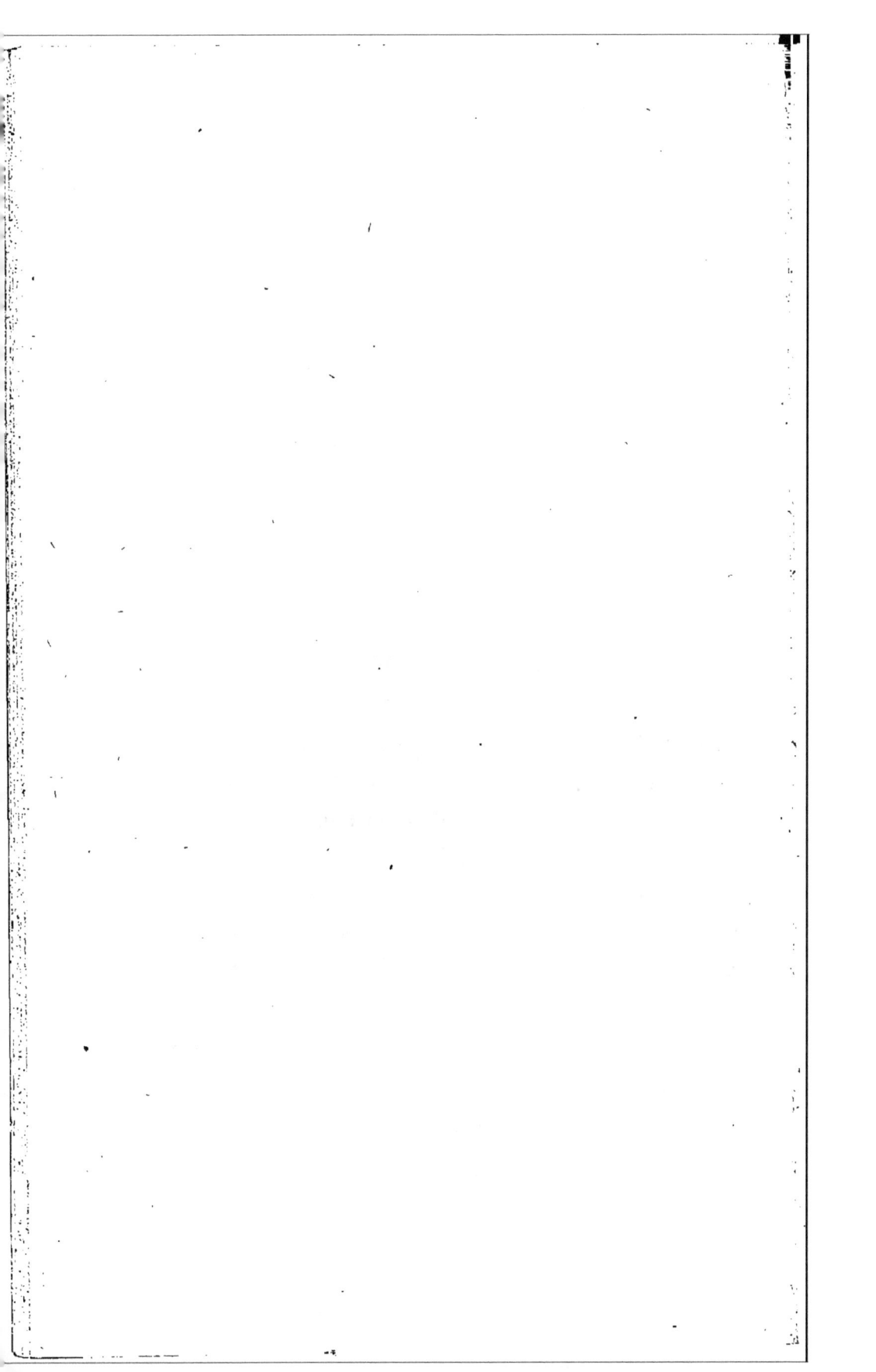

# PRÉFACE.

—

Dans le courant de l'année 1844, les magnifiques constructions, où la ville de Caen donne à son académie et à ses facultés une hospitalité vraiment royale, venaient d'être terminées. Plusieurs hommes éclairés, et parmi eux celui dont la haute et féconde influence agrandit et multiplie chaque jour, dans notre province, les asiles de l'instruction et de la science, conçurent l'idée de placer nos écoles sous le patronage de deux grands noms, MALHERBE et LA PLACE; véritables dieux pénates et indigènes, qui présideraient aux travaux de notre jeunesse studieuse, dans ces mêmes lieux où ils puisèrent autrefois les doctrines qui les firent si grands. Les statues de Malherbe et de La Place, entourées d'un glorieux cortége de savans, Varignon, Rouelle, Vauquelin, Descotils, Fresnel, Dumont-d'Urville, qui eux aussi avaient reçu à Caen les premiers dons de la science, durent s'élever au milieu des bâtimens de l'académie.

Mais telle est la sympathie que toute pensée noble et généreuse rencontre dans notre ville, que le pieux hommage préparé par l'université pour ses plus illustres disciples, s'est élevé tout d'abord à la hauteur d'un grand acte de reconnaissance publique. Toutes les personnes notables de la ville et de la contrée, toutes celles qui ont le culte des lettres et de la science, les anciens amis et élèves de La Place, à Paris comme dans les départemens, les fonctionnaires des facultés et des collèges de l'académie de Caen, tous se sont empressés d'apporter à cette œuvre le tribut de leur souscription ; un citoyen vénérable que tout le monde nommera pour nous, dont le nom s'attache à tout ce qui se fait de généreux et d'utile dans notre ville, a mis à la disposition de la commission une somme considérable, mesurant ses dons, non à sa fortune, mais à son amour pour le pays ; nos sociétés savantes ont aussi apporté leur contingent ; enfin M. le ministre de l'intérieur, dans son universelle sollicitude pour toutes nos gloires scientifiques et littéraires, a ouvert le trésor de l'état pour fournir aux auteurs de cette noble entreprise le complément de ressources nécessaires.

Deux artistes célèbres, MM. Barc et Dantan jeune, ont apporté à leur tour le concours de leur ciseau et de leur talent : ceux dont nous cachions tous le souvenir vivant dans notre pensée, ils vont nous les révéler aux yeux, les faire revivre sous le bronze. Le projet de 1844, ce projet formé, quant à Malherbe, il y a deux siècles, par son compatriote, Moisant de Brieux, l'année 1847 l'aura vu réaliser : Malherbe et Laplace ont leurs statues, et des bustes rappellent les gloires plus modestes, mais éclatantes encore de Varignon, Rouelle, Vauquelin, Descotils, Fresnel, Dumont-d'Urville.

Nous aussi, nous avons voulu aussi apporter à ces grands noms, notre humble part d'hommages ; notre piété sera l'excuse de notre faiblesse. La prière murmurée par l'homme simple et croyant ne monte-t-elle pas vers les cieux, comme celle qui part des bouches éloquentes ?

Caen, le 4 août 1847.

L. P.

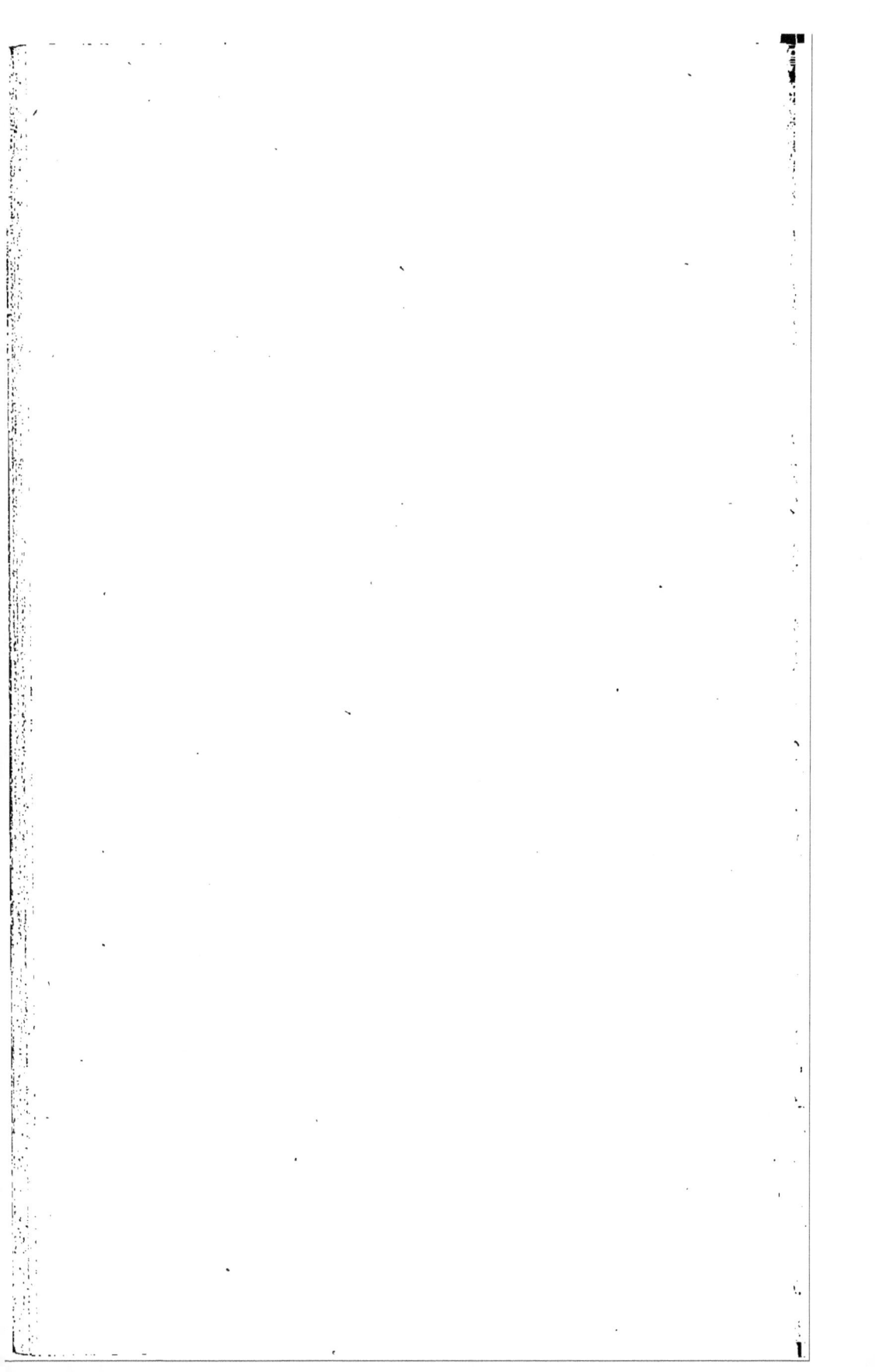

# MALHERBE.

De toutes les tendances les plus impérieuses de la nature humaine, il n'y en a pas de plus invincible que le besoin d'admirer; il est des siècles privilégiés où la grandeur des hommes et la majesté des événemens peut donner à ce désir infini un aliment digne de le satisfaire. Mais quand arrivent ces âges déshérités, que la haute fortune de leurs aînés condamne à l'indigence, l'admiration ne trouve pas à dépenser autour d'elle ses forces toujours actives. Alors elle remonte le cours du temps; elle s'en va cherchant toutes les gloires éclatantes ou méconnues, confirmant les unes, inaugurant les autres, et s'éprenant d'amour pour ces grands noms, augmentés de tout le prestige de l'éloignement. La reconnaissance, cette mémoire des peuples, et l'orgueil national donnent à cet instinct, une ardeur nouvelle; et peu à peu les pays qui, comme la France, ont un passé éclatant et peuplé de grands hommes, deviennent un vaste panthéon où toute divinité a sa statue, toute gloire son culte, tout bienfait sa récompense ! — On se met à l'œuvre, et soudain tous ces morts illustres, orateurs, poètes, savans, généraux, tous ceux que nous trouvons marqués au signe du génie, revivent. Le burin cisèle leurs traits, la peinture les fixe, la gravure les multiplie ; le ciseau redonne la forme à ces corps en poussière, l'érudition, la lumière à ces vies ignorées ; la poésie leur voue ses hymnes, l'histoire ses recherches ; et tout un peuple d'artistes — tant l'admiration est un sentiment fécond et inspirateur — s'anime à ces souvenirs et brille de ces gloires.

Nous assistons à ce spectacle, et chaque nation, que dis-je? chaque province, chaque ville fait l'inventaire de ses grands hommes. Patrie de prédilection pour le génie, la Normandie a la tâche la plus longue à remplir : c'est là que les sciences ont leurs plus illustres inventeurs ; là, que les lettres ont leurs plus glorieux adeptes et pour n'en citer que deux qui dominent et attirent les regards, Rouen a son Corneille, et Caen son Malherbe. Grâce aux efforts d'un homme généreux, et joignant au goût des arts cet amour passionné qui les excite en les glorifiant, notre cité n'a pas été ingrate et a fait rejaillir sur son poète quelques reflets de l'éclat qu'il avait jeté sur elle : partout le nom de Malherbe ; partout son image si connue ; tout nous parle de lui. Mais il lui manquait encore un suprême honneur qui les résumât tous, en les augmentant : dirigé par une pensée éclairée et influente, le patriotisme normand vient de le lui décerner—Malherbe a sa statue.—

Sa belle et majestueuse figure, où respire une opiniâtre fermeté revit tout entière : au moment que l'airain lui donne une forme impérissable, on a cru qu'il ne serait pas sans intérêt d'évoquer aussi sa vie et les souvenirs qui s'y rattachent. En développant ce que le statuaire a immobilisé, en montrant sous ses aspects divers, à ses momens variés, ce caractère dont il ne peut fixer qu'une face, on aidera à l'intelligence de son œuvre ; et la biographie de Malherbe, justifiant l'honneur qu'on lui décerne, sera le commentaire de sa statue.

En 1555, pendant que Henri II occupait le trône, et que s'amassait l'orage des guerres de religion, François Malherbe naquit à Caen; son père, simple assesseur, suivant certains biographes, conseiller au bailliage, suivant d'autres, avait épousé la fille du seigneur d'Ifs, Louyse Le Vallois.—Sa famille était d'antique lignée, et reconnaissait pour tige un La Haie Malherbe de St-Aignan, l'un des barons qui allèrent avec Guillaume, arracher l'Angleterre aux Saxons; ses armoiries, d'argent à six roses de gueules et des hermines de sable sans nombre, se voyaient à l'abbaye de St-Etienne avec celles des premiers conquérans. Mais depuis deux cents ans, l'éclat de ce blason s'était effacé sous l'indigence, et le père de Malherbe possédait environ six cents écus de rente (1).

La vie de Malherbe n'est pas une de ces bonnes fortunes littéraires, où l'histoire touche au roman, où s'entassent les aventures, où les évènemens, par leur grandeur ou leur singularité, font jaillir de toutes parts l'intérêt. C'est une existence calme et

_____

(1) Tous ces détails, et d'autres rectifiant certaines assertions erronées, sont tirés d'une *Instruction de Malherbe à son fils*, manuscrit de la bibliothèque d'Aix, publié déjà par extrait, et récemment en entier par M. de Chennevières.

régulière, s'accomplissant sous l'empire d'une seule idée à laquelle elle se dévoue : son éducation le prépara au rôle qui lui était réservé : et son père en l'élevant en vue d'en faire son successeur, ne se doutait pas qu'il allait en faire un poète. Nous le voyons étudier successivement à Paris, où il passe une année, puis revenir à Caen, où plusieurs maîtres le forment, et parmi eux on peut citer Jean Roussel, célèbre alors, et qui joignait à la profondeur d'un jurisconsulte, le talent de la poésie latine.—Enfin, son père l'envoya en Allemagne et en Suisse, et le jeune étudiant, après avoir puisé à Bâle et à Heidelberg cette érudition solide, caractère du XVIe siècle, revint à Caen, moitié gentilhomme, moitié savant, et, l'épée au côté, on l'entendit étaler dans les écoles publiques cette science rapportée de si loin. Sans doute cette austère éducation, ce commerce prolongé avec les beautés du génie antique et les abstractions du droit, valurent à Malherbe cette tyrannique raison, cet impitoyable bon sens, don naturel de l'esprit normand, porté par lui à ce degré où on l'appelle génie.

Pendant que deux ans passés en Allemagne exposaient de près Malherbe à la contagion de cette fièvre d'hérésie, dont Luther avait été le propagateur, son père, en France, subissait les atteintes de ce mal dont fut tourmenté le XVIe siècle. — Au fond, le jeune homme manquait de ferveur religieuse. Mais en religion, comme en politique et en littérature, une passion suprême l'entraînait vers l'ordre et l'unité, et toute dissidence, toute tentative factieuse lui paraissait un crime. « Les honnêtes gens, disait-il, « n'ont point d'autre religion que celle de leur prince. » L'abjuration de son père vint ulcérer son âme, et comme les sentimens doux et tendres avaient peu d'empire sur lui, il quitta la maison paternelle; — il avait alors 19 ans, et voulant s'affranchir de toute

dépendance à l'égard d'un père désormais déchu de son affection,
il s'attacha comme secrétaire à Henri d'Angoulême, grand-prieur
de France, fils naturel de Henri II. Il le suivit en Provence et
vint habiter avec lui la ville d'Aix. Sous ce ciel étincelant, au sein
de cette nature poudreuse, il dut souvent jeter un regard de regret sur sa fraîche Normandie, sur les amis qu'il y laissait, et de
ces mélancoliques pensées date sans doute le premier éveil de sa
muse ; elle respire alors une grâce et une douceur oubliée depuis :
tantôt il écrit à un ami inconnu :

> L'Orne comme autrefois nous reverrait encore,
> Ravis de ces pensers que le vulgaire ignore,
> Egarer à l'écart nos pas et nos discours ;
> Et couchés sur les fleurs, comme étoiles semées,
> Rendre en si doux ébats les heures consumées,
> Que les soleils nous seraient courts.

tantôt à une femme revêche à son amour :

> Et vos jeunes beautés flétriront comme l'herbe
> Que l'on a trop foulée et qui ne fleurit plus.

Mais à ces premiers temps de son séjour en Provence, au milieu de cette confusion, de ces bruits de guerre qui retentissent autour de lui, Malherbe ne peut se recueillir dans l'étude et la
méditation. Comme les autres, il respire sa part de cette ardeur
guerrière : un jour il poursuit, l'épée dans les reins, pendant trois
lieues, Sully, qui lui garda rancune et lui ferma le trésor de Henri
IV. Une autre fois, raconte-t-il à Racan, il va conduire deux cents
hommes à Martigues, assiégée et en proie à la peste, et ne se retire qu'après avoir vu le dernier vivant poser le drapeau noir sur
la ville. — Ce fait que rien d'ailleurs ne nous révèle, pourrait

bien être une gasconnade de Malherbe, dont l'orgueil descendait quelquefois à la faiblesse d'un puéril mensonge. Ainsi il se donnait à Aix pour le fils d'un conseiller au parlement, signait Malerbe d'abord, puis de Malerbe, et enfin Malerbe de St-Aignan (1).

Henri d'Angoulême avait péri à Aix sous le poignard du Marseillais Altoviti. Mais il avait auparavant assuré l'établissement de Malherbe : il l'avait fait entrer dans une famille noble et considérée, en obtenant pour lui la fille d'un président au parlement, Madelène de Carriolis, déjà veuve de deux maris.

Les railleries de ses amis, au sujet de cette union, l'assaillirent. Il les supporta avec un orgueil méprisant, avec une conscience de lui même qui ne l'abandonna jamais. La raison chez lui avait passé de la tête au cœur : en amour il n'avait jamais été « jusqu'à aimer une femme qui ne lui rendît la pareille; » et dans les pièces assez rares où il s'inspire de ce sentiment, il y porte encore je ne sais quoi d'altier et de rebelle :

> Pensez de vous résoudre à soulager ma peine,
> Ou je me vais résoudre à ne la souffrir plus.

En amitié, il trouvait tout naturel qu'avant tout on songeât à soi et à ses intérêts. Sans cesse en débats avec des membres de sa famille, il répondait aux reproches : « Puis-je en avoir avec les Turcs et les Moscovites avec lesquels je n'ai rien à partager ? » Aussi s'en donnait-il souvent le plaisir. Ah ! qu'il est bien, sous le ciel de la Provence, resté fils de sa Normandie! comme il étale avec complaisance, dans l'instruction à son fils, sa méfiance envers et contre tous, ses savantes arguties, et la science cauteleuse

---

(1) M. Roux-Alphéran a trouvé quatre signatures toutes différentes. — Ce n'est guère qu'à dater de son séjour à Paris qu'il met un *h* à son nom.

de ses droits : quelle moisson de procès ! Procès avec son beau-
père, avec son beau-frère ; procès avec le fils de sa femme ; procès
avec sa sœur de Margaillet ; procès, et des plus nombreux, avec
son frère le grand Eléazar ! Quelle inflexible logique quand il expose que « ledit Eliazar a continuellement demeuré chez son père,
« et luy et sa femme ont été nourris aux dépens de la maison ; «
et quand il conclut à ce que son frère lui paie la moitié de ses
biens, plus les intérêts depuis 22 ans ! Il parle d'une de ses paren-
tes et il ajoute : « Dieu la fasse vivre et lui donne des enfans ! » et,
trait oublié par Molière : « si elle n'en avait pas, nous en serions
héritiers. » Comment s'étonner maintenant de cette épigramme
sur un autre parent dont il avait hérité :

Ici dessous gît monsieur d'Is ;
Plût or' à Dieu qu'ils fussent dix,
Mes trois sœurs, mon père et ma mère,
Le grand Eléazar, mon frère,
Mes trois tantes et monsieur d'Is !
Vous les nommé-je pas tous dix ?

Egoïste, comme doivent l'être tous les réformateurs, il n'eut
qu'un amour d'autant plus profond qu'il était unique ; il aima ses
enfans. Amour malheureux et châtié, s'il en fût ! il les vit tous
mourir jeunes, tous, et son premier fils, et une jeune fille que la
peste enleva à Caen ; un seul lui restait, sur qui s'était reportée
avec bonheur cette affection meurtrie, un seul qui devait grandir pour la plus lamentable douleur de son père, son fils Marc-
Antoine.

Cependant la vie de Malherbe s'écoulait obscure, et rien n'indi-
quait l'éclat auquel elle était promise. Heureux temps où sa supériorité était reconnue dans un cercle borné, où, entouré de quel-

ques amis, parmi lesquels Dupérier, il donnait à tous les Normands, égarés si loin de leur pays, une orgueilleuse hospitalité. Lui-même fit deux voyages en Normandie; il séjourna à Caen de 1586 à 1595, et en 1599 il vint y faire un nouveau voyage, attristé par la mort de sa fille. L'an 1600 était arrivé. Malherbe avait 45 ans, et sa gloire n'avait pour théâtre qu'une ville de province. Encore le connaissait-on plutôt par ses bons mots et par ses façons de dire originales que par ses vers. Il avait commencé par *pétrarchiser* dans son mauvais poème des larmes de St-Pierre, tout imprégné de l'afféterie italienne; il restait inconnu, tant il est vrai qu'il faut même au génie une occasion qui l'excite, une lumière qui dissipe les ténèbres où il languit. Elle vint enfin : Henri IV avait demandé à l'Italie une seconde épouse, et Marie de Médicis arrivait en France. A son passage à Aix, Malherbe fut chargé de la complimenter, et le fit dans une ode maniérée quelquefois, pompeuse toujours, et au milieu de laquelle, promettant à la France des jours heureux, et à la reine un fils qui doit être sa gloire, il laisse échapper cette magnifique strophe :

> O ! combien lors aura de veuves
> La gent qui porte le turban !
> Que de sang rougira les fleuves
> Qui lavent les pieds du Liban !
> Que le Bosphore en ses rives
> Aura de sultanes captives !
> Et que de mères à Memphis
> En pleurant, diront la vaillance
> De son courage et de sa lance,
> Aux funérailles de leurs fils !

Dès lors le poète est montré à ses destinées, et quand, l'année suivante, Henri IV demanda au cardinal du Perron s'il ne faisait

plus de vers, celui-ci put lui répondre : « Qu'il ne fallait pas que
« personne s'en mêlât après un gentilhomme de Normandie, nom-
« mé Malherbe. » Le roi retint ce nom.

Cinq ans après, des affaires particulières appelèrent Malherbe
à Paris; son parent Desyveteaux, précepteur du duc de Vendôme,
parla de lui au roi.—Sur le point de partir pour le Limousin, Henri
voulut placer son voyage sous l'invocation d'une prière poétique ;
et quand Malherbe lui apporta ces nombreuses strophes, qui déjà
avaient appris à tomber avec grâce, quand il lui eut lu ces vers
où la langue et l'idée avaient revêtu une grandeur jusqu'alors in-
connue ,

> Tu nous rendras alors nos douces destinées ;
> Nous ne reverrons plus ces fâcheuses années,
> Qui pour les plus heureux n'ont produit que des pleurs ;
> Toute sorte de biens comblera nos familles,
> La moisson de nos champs lassera les faucilles,
> Et les fruits passeront la promesse des fleurs.

Henri charmé , ordonna à son écuyer, De Belle-Garde , de recevoir Malherbe chez lui, et de lui donner un cheval et mille livres
d'appointemens ; — il se promettait en même temps de l'inscrire
sur le grand livre de ses pensionnaires; mais Sully avait bonne
mémoire de la ligue, et tant qu'il fut au pouvoir, la pension ne
vint pas. — Dès lors, le poète prit le titre de gentilhomme ordinaire du roi, et fit son entrée à la cour. Dès lors, il se mit à
l'œuvre, et, soulevant autour de lui mille attaques envieuses qui le
fatiguèrent sans l'abattre, au bruit des injures et des sarcasmes ,
il commença sa glorieuse et rude mission. Avant de dire ce qu'elle
fut, arrêtons-nous un moment sur la situation de la France à
cette époque.

2

Pendant le XVI⁺ siècle, pendant cette frénésie de révolte et de guerre, tout en France avait frémi d'un douloureux ébranlement : tout avait chancelé. Le catholicisme avait vu son unité se briser violemment, et bon nombre de ses fidèles se ranger, à la voix austère et triste de Calvin, autour du formidable drapeau de la liberté religieuse ; la monarchie, secouée par les efforts contraires des partis, avilie par les crimes des rois, et meurtrie par le poignard du fanatisme, avait failli disparaître au milieu des tempêtes ; la nationalité semblait près de mourir étouffée sous la main de l'Espagne ; et pour comble, la langue elle-même abâtardie par le mélange adultère des idiomes antiques et des patois provinciaux, foulée sous l'invasion de l'Italie et de l'Espagne, la langue française dépérissait.—Partout, dans le temple, dans l'état et dans les lettres, partout la division, la révolte et l'anarchie ; mais la Providence égala le remède aux maux : trois hommes se rencontrèrent qui, séparés entre eux, par tout l'abîme de la naissance, du pouvoir, et des dignités à leurs degrés extrêmes, doués de qualités diverses, et servis par leurs vices mêmes, rapprochés par le temps, et tout-à-fait contemporains par la pensée, opiniâtres et résolus, se dévouèrent à cette idée suprême de l'ordre et de l'unité en tout et partout ; Henri IV, Richelieu, Malherbe, trois noms qu'il ne faut pas séparer, trois gloires qu'il ne faut pas opposer pour les amoindrir ! L'un combat, et la France échappe aux mains de l'Espagne, et les soldats de Philippe II reçoivent cet ironique adieu : « Bon voyage, messieurs, mais n'y revenez pas ; »—l'autre gouverne ; et tout-à-coup cette altière noblesse prompte à la révolte, se courbe en frémissant, et un impitoyable niveau passe sur tout ce qui n'est pas la monarchie et la religion ; — le troisième écrit ; et Ronsard est biffé tout entier, le patois est renvoyé aux provinces, et le français va se recruter non chez les Grecs et les Romains, mais à Paris, parmi les crocheteurs du port au foin.—Et qu'on ne pense pas profaner la majesté de deux grands noms en y associant celui de Malherbe;—ce n'est pas là une mésalliance.—S'il y a une gloire éclatante à sauver la nationalité d'un peuple, à détruire l'anarchie, à fonder l'ordre dans l'état, n'y a-t-il pas aussi quelque mérite à sauver la langue d'une nation comme la France avec tout ce qu'elle renferme d'espérance et de génie; à la faire ce que nous la voyons, le signe révélateur de l'esprit national, et l'instrument de son influence? Oui, Malherbe est le Richelieu de la poésie; sa ressemblance avec le cardinal a passé, on l'a fait remarquer, jusque dans les traits du visage; et si l'un fut le tyran de son roi et de la noblesse, l'autre fut nommé le tyran des mots et des syllabes; si l'un reçut en partage tous les honneurs, l'autre put s'enorgueillir de ce titre qu'on lui décerna de son vivant, de prince des poètes, et poète des princes !

Royauté difficile et contestée s'il en fut ! Dès l'apparition du poëte à la cour qu'il devait *dégasconner*, toute cette foule qui fesait métier de l'esprit, devina en ce gentilhomme, agressif comme un Normand, en ce poète de 48 ans, un rival et un ennemi; elle le haït d'instinct; les quolibets à l'italienne, les pointes les plus acérées vinrent s'émousser contre l'impassible orgueil de Malherbe. Le cavalier Marini, riant du débit embarrassé du poète, obligé de cracher cinq ou six fois en récitant une strophe de quatre vers, disait : « Je n'ai jamais vu d'homme plus humide ni de poète plus sec. » Berthelot parodiait sa poésie, et calquant une de ses pièces s'écriait :

Etre six ans à faire une ode
Et faire des lois à sa mode

Cela se peut facilement ;
Mais de nous charmer les oreilles
Par sa merveille des merveilles
Cela ne se peut nullement.

Un autre l'accusait de demander l'aumône le sonnet à la main.
Enfin Regnier, le seul bon esprit de son temps, Regnier, fâché
contre la rudesse de Malherbe, qui avait osé préférer le potage de
son oncle Desportes à ses psaumes, écrivait contre lui sa satire à
Rapin, où il attaque spirituellement « ce clerc dévoyé bon à re-
gratter un mot, » bon à « prendre garde qu'un qui ne heurte une
diphtongue, » et encore à « proser de la rime et à rimer de la prose, etc.» Malherbe répondit à Marini en poursuivant partout l'influence italienne ; à Berthelot en le faisant rouer de coups de bâton
qui lui rendirent l'humeur moins satirique ; à Regnier, qu'il estimait, par le silence ; à tous par ses préceptes et ses exemples.

Ses exemples, sa veine avare les prodigua moins que les préceptes ; et après tout Berthelot n'était pas trop loin de la vérité :
témoin les stances au président de Verdun : Malherbe, le conso-
lateur attitré de toutes les douleurs, Malherbe dont la prose ou les
vers soulagèrent tant d'infortunés, depuis Dupérier et Bellegarde,
jusqu'à Marie de Médicis, et qui trouvait remède à tout chagrin,
à la perte d'une fille, d'une sœur, d'un roi, entreprit de verser un
baume poétique sur la blessure du président de Verdun, qui venait
de perdre sa femme. Trois ans se passèrent à polir ces vers, et
quand arriva l'intempestif message, il trouva l'inconsolable président, mari bien consolé d'une seconde épouse.—Les temps n'é-
taient plus où l'art était facile, où la veine exubérante des poètes
versait à plaisir d'innombrables files d'alexandrins, où Ronsard
écrivait deux cents vers avant son dîner, et tout autant dans la

soirée. Notre poète, si nous en croyons son élève peu reconnais-
sant, Balzac, noircissait parfois une demi-rame de papier à faire
et refaire une seule stance, et trouvait qu'un poème de cent vers
demandait un repos de dix années.—Sous sa haute direction, l'art
de la poésie fut comme fortifié par une triple enceinte, où la rime,
la cadence et le langage étalèrent l'appareil formidable de leurs difficultés, et éloignèrent à jamais du sanctuaire cette foule médiocre
et sans vocation qui le profanait, pour le rendre accessible au
seul génie, aidé de la patience et du travail. Le temps fut la divinité des poètes, et leurs œuvres, comme celles du tragique grec,
furent par eux dédiées à ce maître rigoureux qui détruit ce qu'on
a fait sans lui. Dans les cinq années qui séparent l'arrivée de
Malherbe à la cour et la mort de Henri IV, nous trouvons un
nombre bien restreint de pièces, toutes de courte haleine ; nous y
voyons le reflet des principaux événemens du *temps* ; l'indigna-
tion du poète à ces attentats répétés que devait couronner le for-
fait de Ravaillac :

> O soleil, o grand luminaire !
> Si jadis l'horreur d'un festin
> Fit que de ta route ordinaire
> Tu reculas vers le matin,
> Et d'un émerveillable change
> Te couchas aux rives du Gange ;
> D'où vient que ta sévérité
> Moindre qu'en la faute d'Atrée
> Ne punit point cette contrée
> D'une éternelle obscurité ?

et son amour surtout pour cette monarchie, pour ses conquêtes,
pour l'ordre qu'elle fait régner partout ; amour vrai et qui lui

inspire ces strophes ailées, qu'on s'étonne de voir sortir de la bouche d'un poète à cheveux blancs, d'un poète qui méprisait Pindare :

> Telles qu'à vagues épandues
> Marche un fleuve impérieux,
> De qui les neiges fondues
> Rendent le cours furieux ;
> Rien n'est sûr en son rivage,
> Ce qu'il trouve il le ravage ;
> Et traînant comme buissons,
> Les chênes et leurs racines,
> Ote aux campagnes voisines
> L'espérance des moissons...

Son génie, encore plein de jeunesse, rêve pour son roi de lointaines et glorieuses entreprises; il entrevoit ce temps où l'épée de
la France,

> Quelque jour apparaissant
> A la Grèce qui soupire,
> Fera décroître l'empire
> De l'infidèle croissant...

Puis il prend un ton plus doux, et mettant sa verve au service
d'Henri IV, il adresse pour ce prince, transformé en Alcan-
dre, des vers langoureux à cette princesse de Condé, qui fit perdre
à Henri un temps précieux à sa gloire.

Toutes ces pièces, à l'exception de quelques sonnets ont la forme
lyrique.—On a quelquefois pu trouver étrange que Malherbe n'eut
pas choisi tel autre genre plus calme, où les qualités de son esprit
semblaient l'appeler de préférence. A notre sens c'est lui repro-
cher sa véritable gloire, son titre le plus éclatant à toute notre admiration. Il savait bien aussi lui, qui n'eut jamais d'enthousias-

me, qui ne se passionna pour rien, il savait bien avec son esprit juste que l'ode n'était pas son fait ; mais il savait bien aussi que pour opérer la révolution qu'il méditait, l'ode était l'instrument le plus puissant ; l'ode, le poème le plus lu alors ; l'ode, la plus haute expression littéraire de l'âme, et qui, dans un cadre étroit, resserré par mille entraves, doit réunir au degré suprême toutes ces qualités prônées par Malherbe, la discipline dans l'inspiration, l'art dans le désordre, l'harmonie dans la forme, la majesté dans le fonds. Quel plus admirable spectacle que ce vieillard tout vaincu du temps, qui, imposant à sa vieillesse un labeur qui lui répugne, triomphant de son propre génie, se fait presque le martyr de l'idée qu'il a en lui, de la mission dont il doit compte à la providence, lui dévoue ses veilles, lui sacrifie ses goûts, ses instincts, et sublime abnégation pour un poète, sa gloire elle-même  Voilà pour nous le fait capital de la vie de Malherbe, la justification de ses faiblesses et de sa grandeur. Ce poète désintéressé, indifférent, sceptique dans son art, qui, après s'être écrié en vers :

> Par les muses seulement
> L'homme est exempt de la parque ;
> Et ce qui porte leur marque
> Demeure éternellement !

se donne à lui-même ce prosaïque démenti : « Un poète n'est pas plus utile à l'état qu'un joueur de quilles », ce n'est pas seulement dans son œuvre, quelle que soit sa beauté, qu'il faut chercher ses véritables droits à l'immortalité. Non ; ce serait les affaiblir ; tout Malherbe n'est pas là. Son œuvre, la critique peut l'entamer, l'envie peut y chercher des armes pour faire le procès à son gé-

nie.—On pourrait peut être lui contester le titre de grand poète ;
on ne saurait lui refuser celui de grand réformateur. C'est un
chef d'école qui a fait bon marché de sa gloire future, lui qui plein
de mépris pour tous les hommes s'étonnait que Dieu, dès le meur-
tre d'Abel, n'en eut pas éteint l'engeance.—Lui qui, dans un entretien avec Racan, laissait échapper ces belles paroles, qui nous
semblent toute une révélation, et qu'on devrait inscrire au frontispice de ses œuvres : « Voyez-vous monsieur, si nos vers vivent
après nous, toute la gloire que nous en pouvons espérer, est qu'on
dira que nous avons été deux excellents arrangeurs de syllabes ;
que nous avons eu une grande puissance sur les paroles. »

La postérité, ce semble, a cassé l'arrêt trop sévère que Malherbe
avait porté sur sa gloire future ; elle voit dans le poète Caennais
autre chose qu'un arrangeur de syllabes, et au lieu de ce titre
elle lui a donné le nom de père de la poésie française.

Ainsi tombent toutes les accusations jetées à la mémoire de
Malherbe, de « ce vieux pédagogue de la cour, qui faisait une si
grande différence entre pas et point, et qui traitait l'affaire des gé-
rondifs et des participes comme celle de deux peuples jaloux de
leurs frontières (1). » Ainsi s'efface le banal reproche de vanité
et d'égoïsme. Si Malherbe a laissé percer dans quelques vers la
conscience de lui-même, s'il a dit :

« Ce que fait Malherbe dure éternellement ; »

s'il a prononcé ces paroles dédaigneuses : « le mépris que le public
aura fait de mon ouvrage je le ferai de son jugement, » c'est qu'il
se prosternait devant la pensée qui se personnifiait en lui. Si ses

---

(1) Balzac, Socrate Chrétien.

àpretés de caractère ont heurté jusqu'à ses amis, il faut se souvenir qu'il dut s'aigrir en face des résistances soulevées autour de lui. — D'ailleurs il y a dans cette rudesse austère je ne sais quelle dignité, et on aime à voir le poète en faire montre dans ses relations avec les grands, et mettre les droits du génie à la hauteur de ceux de la naissance. On aime à l'entendre dire, « c'est une folie de se vanter d'être d'une ancienne noblesse; plus elle est ancienne, plus elle est douteuse ; tel qui pense être issu des Césars, est peut être venu d'un valet. »

Malherbe, en arrivant à Paris, fit rencontre d'un jeune page de la chambre du roi, aux ordres de M. de Bellegarde. — Ce jeune homme avait quelque goût pour la poésie, et bientôt il s'attacha au poète comme à un père ; inaltérable et toujours vivace, leur affection triompha des boutades de Malherbe, des querelles d'amour-propre que les muses excitent si souvent parmi leurs disciples ; et aujourd'hui encore on ne peut séparer ces deux noms, Malherbe et Racan. Maynard, le spirituel et correct auteur de quelques vers, Patris, né à Caen, et qui eut, dans le temps, une certaine réputation, Coulomby, l'un des premiers académiciens, Dumoustier, peintre alors célèbre se joignirent aux deux amis et formèrent une sorte d'école littéraire sous le haut patronage de Malherbe, leur maître à tous. Dans une modeste chambre garnie, pauvrement meublée, où les chaises même étaient rares, et qui fut l'unique logis du gentilhomme normand, se tenaient de savans conciliabules. Au milieu des assistans, on reconnaissait à sa physionomie hautaine, à son parler impérieux, le maître de la maison. Là, il ouvrait son ame dédaigneusement fermée au vulgaire ; il parlait de cet idéal poursuivi, et dont l'image suprême

3

guidait sa main et son âme ; il foulait aux pieds avec une joie superbe les admirations du vulgaire, évoquait un moment pour la rendre à son obscurité cette renommée si éclatante et si vite éteinte de Ronsard. Là, il racontait comment lui aussi avait commencé par Ronsard et montrant à ses disciples un exemplaire d'Horace qu'il appelait son bréviaire, il s'humiliait devant cette gloire ; puis passant en revue tous les poètes qui l'avaient précédé, il leur contestait ce titre, ne fesait grâce qu'au seul Bertaut, et pressentait dans Balzac le père de la prose française. Sa parole ordinairement embarrassée et bégayante, s'animait et devenait incisive et pleine de charmes. Aussi bientôt cette académie naissante vit-elle s'agrandir le cercle de ses membres ; bientôt les chaises ne suffirent plus ; et le visiteur attardé entendait du dehors la voix de Malherbe lui crier : « attendez ; il n'y a plus de chaises! » Dans cette petite chambre se traitèrent toutes ces questions de prosodie et de langue, de liberté et de discipline, sans intérêt pour nous, mais alors décisives pour l'avenir de notre littérature. Pénétré du sentiment de la dignité des lettres, malherbe siégeait avec orgueil ; et un jour un solliciteur fourvoyé venant y chercher le président Maynard, reçut cette foudroyante apostrophe : « Quel président demandez-vous ? apprenez qu'il n'y a point ici d'autre président que moi ! »

D'autres affections plus douces vinrent encore soutenir Malherbe dans sa pénible carrière : la vicomtesse d'Auchy, célèbre par son bel esprit, lui avait inspiré un attachement réel, et l'on trouve bon nombre de ses poésies adressées à cette dame, sous le nom de Caliste. — Dans ce temps-là, commençaient aussi à s'ouvrir les portes d'un hôtel, fameux dans nos fastes poétiques, et

qui plus tard continua, en l'exagérant, la réforme de Malherbe :
Catherine de Vivonne, femme du marquis de Rambouillet, vertueuse
au milieu d'une cour corrompue, spirituelle avec goût, au milieu
de ce débordement de faux esprit , réunissait autour d'elle ceux
qui partageaient ses répugnances pour les mœurs licencieuses auxquelles Henri IV donnait l'appui scandaleux de ses exemples.
Malherbe qui depuis s'écria :

> Siérait-il bien à mes écrits,
> D'entretenir les races futures
> Des ridicules aventures
> D'un amoureux en cheveux gris ?

s'éprit d'un beau feu pour la marquise , amour pur et platonique,
loin de tout espoir de succès, et qui bientôt se changea, sans grande
douleur , en un sentiment moins passionné :

> J'eus honte de brûler pour une âme glacée,
> Et, sans me travailler à lui faire pitié,
> Restreignis mon amour aux termes d'amitié.

Affections singulières , et fréquentes en ce temps ! Il était alors
indispensable à tout poète, quel que fût son âge, d'avoir un objet
aimé, pour lequel il pût longuement soupirer, et se consumer. . .
en vers seulement. C'était un thème banal à ces poésies langou-
reuses, à ces analyses quintessenciées de martyres imaginaires; et
déjà l'on pouvait pressentir l'approche de ces temps , où la mi-
nutieuse pruderie de Mlle de Scudéry allait tracer sur la carte du
Tendre, les longs détours du fleuve des Petits-Soins. Malherbe ne
put échapper à ce ridicule ; —mais comment chanter, en ses stances, ce nom vulgaire de Catherine ? Lui et Racan se mettent à

l'œuvre, et les lettres, après de nombreuses transformations donnent enfin ce nom si doux, cet anagramme si heureux d'Arthenice.
— Les deux amis furent si fiers de leur œuvre, que tous les deux en voulurent avoir l'honneur; Racan l'emporta et Malherbe se contenta du nom bizarre de Rodanthe. — Ainsi, notre poète se trouve mêlé aux premiers commencemens de cette réunion célèbre, alors le centre des saines idées en littérature et en morale, et qui plus tard devait succomber sous le ridicule.

Malherbe avait déjà vu quatre princes régner et mourir, et, en 1610, le poignard de Ravaillac vint ajouter à cette liste funèbre un cinquième nom. Il avait alors cinquante-cinq ans, mais l'âge qui avait blanchi ses cheveux n'avait pu glacer sa verve. Elle a même, dans cette dernière période, qui s'étend jusqu'à 1627, une verdeur nouvelle. Jamais sa muse un peu raide ne s'était placée à des tons si divers : jamais elle n'avait accumulé avec plus de profusion des réponses à toutes les critiques qui devaient l'assaillir. Manque-t-il de souplesse et de grâce le poète qui a pu dire :

C'est en la paix que toutes choses
Succèdent selon nos désirs,
Comme au printemps naissent les roses,
En la paix naissent les plaisirs ;
Elle met les pompes aux villes,
Donne aux champs les moissons fertiles ;
Et de la majesté des lois,
Appuyant les pouvoirs suprêmes,
Fait demeurer les diadèmes
Fermes sur la tête des rois.

a-t-il condamné la langue à la stérilité, en a-t-il fait une aristocratie, prodigue en dédains, avare d'alliances; lui a-t-il interdit la liberté, la hardiesse? et où pourrait-on trouver plus d'audace, plus de vérité que dans ces beaux vers?

> La gloire des méchans est pareille à cette herbe,
> Qui sans porter jamais ni javelle ni gerbe,
> Croit sur le to t pourri d'une vieille maison.
> On la voit sèche et morte, aussitôt qu'elle est née;
>      Et vivre une journée
> Est réputé pour elle une longue saison.

Enfin veut-on de l'énergie, de la véhémence, qu'on lise cette invective contre Concini :

> C'est assez que cinq ans ton audace effrénée
> Sur des ailes de cire aux étoiles montée,
>      Princes et rois ait osé défier.
> La fortune t'appelle au rang de ses victimes,
> Et le Ciel accusé de supporter tes crimes,
>      Est résolu de se justifier !

Malherbe, a-t-on dit souvent, manque d'imagination et de sentiment : si par imagination on entend cette intempérance d'images et d'idées, qui semble avoir horreur de toute réalité; si par sentiment on veut dire cette tristesse maladive, cette vague rêverie, fruit des civilisations trop avancées. le reproche est vrai; mais je ne sais si Malherbe doit s'en plaindre. Son âme sereine et vigoureuse conserva toujours sa jeunesse : quand, averti de sa fin prochaine, courbé sous les ans et sous une récente douleur, il voit s'approcher la mort, il semble recueillir tout son génie et le jeter dans un chant suprême, dans cette Ode à Louis XIII souvent citée : certes il y a quelque majesté dans ce poète de 72 ans, qui s'avance vers la tombe, et qui, confessant sa fatigue, triomphe de la destruction qui l'attend, et oppose à la faiblesse d'un corps vieilli une âme éternellement jeune :

> Je suis vaincu du temps, je cède à ses outrages ;
> Mon esprit seulement exempt de sa rigueur,
> A de quoi témoigner en ses derniers ouvrages
> Sa première vigueur !

Sa douleur fut plus forte que le temps. — Malherbe perdit, nous l'avons dit, tous ses enfans. Son père était mort, et sa mère avait suivi son époux en 1613; son fils Marc-Antoine, seul, lui restait, et le vieillard se sentait revivre dans ce jeune homme de 26 ans, plein d'avenir, et qui semblait avoir hérité des talens de son père ; il rêvait pour lui un brillant établissement, et voulait lui faire obtenir une place de conseiller au parlement d'Aix. Vains projets! — il devait mener le deuil de son fils et de toutes ses espérances. Le jeune homme était brave, querelleur même, à cette époque où l'on se coupait la gorge par partie de plaisir. Un duel, suivant les probabilités, un assassinat,—suivant Malherbe— vint le ravir à ses parens. Cette âme un peu dure du poète, qui déjà avait reçu de semblables blessures, qui avait pu s'écrier en consolant Dupérier :

> Pour moi deux fois déjà d'une pareille foudre
> Je me suis vu perclus ;
> Et deux fois la raison m'a si bien fait résoudre
> Qu'il ne m'en souvient plus.

fut brisée par ce malheur.—Agité de mille pensées diverses, il ne vivait plus que pour une éclatante vengeance; tantôt il voulait aller lui-même la réclamer au vicomte de Piles, l'adversaire heureux de son fils, et répondait brusquement à ceux qui lui fesaient remarquer l'inégalité de la lutte entre un vieillard et un jeune homme : « Tant mieux ! ne voyez-vous pas que je hasarde un denier contre une pistole ? » tantôt il s'adressait au roi, et dans un sonnet, ou dans une lettre éloquente, il appelait toute sa sévérité sur l'objet de sa haine; il se sentait mourir, et un seul regret le possédait, c'était de quitter la vie sans avoir vu le châtiment du coupable. Enfin les deux parties entrèrent en accommodement : huit mille écus furent promis à Malherbe, et il les destinait à élever à son fils un superbe mausolée. Mais ses forces s'étaient usées dans la lutte, et bientôt il fut mourant. Il ne voulait pas avoir recours aux consolations que l'église prodigue à ceux qui abandonnent la vie, et prétendait « qu'il ne se confessait jamais qu'à Pâques. » Mais un de ses amis lui fit voir qu'ayant fait profession de vivre comme les autres hommes, il devait mourir comme eux ; Malherbe se rendit à ses raisons. — On dit qu'à ce dernier moment, alors que depuis deux heures il luttait péniblement contre l'agonie, il se réveilla comme en sursaut, et reprit sa garde sur un mot qui n'était pas français, — puis, répondant au prêtre qui lui en fesait un reproche, « qu'il voulait défendre jusqu'à la mort la pureté de la langue française, » il mourut...

La fortune ne lui avait pas souri. — Sa muse avait pourtant servi successivement et rois et courtisans, et jusqu'au duc de Richelieu. Un poète, Gombault, lui fit une épitaphe terminée par ce vers.

Il est mort pauvre et moi je vis comme il est mort.

Marie de Médicis lui avait assuré une modeste pension de 500 écus. — Ses œuvres n'ont jamais été publiées en entier; elles contiennent, outre ses poésies, une traduction du traité *de Beneficiis* de Sénèque avec quelques autres lettres du même auteur. C'est là ce que Mlle Gournay appelait un « bouillon d'eau claire ». Malherbe avait aussi traduit un livre de Tite-Live. A propos de ces traductions peu fidèles, il disait : » qu'il n'apprêtait pas les viandes pour des cuisiniers. » Enfin on a de lui un nombreux recueil de lettres, parfois intéressantes, plus souvent ennuyeuses et mal écrites. C'est lui aussi qui trouva la belle devise de Louis XIII, qu'on pourrait donner pour épigraphe à sa vie ; et qui consiste en une massue avec cette légende. « *Erit hoc quoque cognita monstris.* »

Avoir formé Racan et Balzac, avoir éveillé dans Lafontaine le génie poétique, et discipliné la langue sans l'asservir; s'être dévoué tout entier à cette œuvre nationale; avoir devancé Racine et Rousseau dans l'ode sacrée, et enseigné le premier que le choix des mots et leur disposition ont souvent plus de pouvoir que les idées elles-mêmes ; enfin avoir laissé pour justifier ses doctrines d'impérissables monuments , tels sont les titres avec lesquels Malherbe s'est présenté devant la postérité. Si ses réformes ont été exagérées après lui , si la langue, sous l'influence de disciples inhabiles, a paru frappée de ce mal dont meurent les aristocraties trop exclusives et qui ne se recrutent pas, le dépérissement; devons nous en faire remonter le blâme jusqu'à lui, et faut-il, pour cela prendre en main contre lui la cause, à jamais perdue, de Ronsard ? Plus d'un excellent esprit s'est laissé séduire à cette chevaleresque entreprise. Qu'en est-il résulté? La preuve éclatante, qu'ici comme souvent, le bon sens et la raison étaient du côté du vainqueur. Malherbe n'est pas assez lu ; ce n'est pas un génie qui gagne à être loué par tradition, et sur la foi de quelques pièces partout citées.

Quand, comme nous, on a pendant quelques jours vécu en commerce intime avec ses œuvres et sa vie, quand on a suivi sa pensée dans ses détails, et cherché le sens de son œuvre, on se retire pénétré d'un profond respect pour le grand homme ; l'admiration se retrempe, l'on se prend à faire pénitence d'un mépris irrévérencieux pour une réputation dont on n'avait pas contrôlé les titres ; et au seuil de ce glorieux XVIIᵉ siècle, on place Malherbe, qui semble l'ouvrir à cette foule sublime qui va suivre.

Alors on ne s'étonne plus des honneurs qui attendaient sa mémoire ; on se rappelle, et ce magnifique éloge que lui décerna Boileau, et l'hommage de Segrais qui avait fait placer devant sa maison la statue en pierre de son maître ; alors on voit avec plaisir un autre Caennais, Moisant de Brieux, accueillir la patriotique idée d'élever un monument à son compatriote : « Vous ne savez pas, monsieur, que nous proposâmes de faire à nos dépens ériger une statue de bronze à notre illustre concitoyen ; que nous la mettions au milieu de la place qui est en face de mon logis (1). Que si nous n'exécutons ce dessein, est-il pas vrai que Roterdam, qui fait considérer son Erasme, flétrira, dans tous les siècles à venir, Caen... Caen qui est le séjour ordinaire des grâces et des muses ! »

Que Moisant de Brieux se rassure. Caen n'a plus rien à envier à Roterdam, pas même à Rouen, fière de ses deux statues ! Ce que lui et ses amis n'ont pas entrepris, la ville, que dis-je ? la France tout entière, sous une généreuse impulsion, l'a accompli. Au milieu de ces écoles, où lui-même avait brillé, la statue de Malherbe s'élève

---

(1) Lettre à M. St-Clair-Turgot. Moisant de Brieux habitait l'hôtel actuel de la Bourse.

elle rappellera sans doute à toutes les âmes que les grands hommes veulent encore être honorés autrement que par le faste des monumens et des inscriptions ; il est un culte qui les glorifie davantage, et qui honore plus la ville qui les a produits : c'est un amour ardent du beau, s'enflammant à l'étude de leurs œuvres ; c'est une intelligence enrichie de leurs pensées, et qui les sauve de l'oubli, en leur donnant pour tombeau la mémoire des générations.

E. C.

# LA PLACE.

# LA PLACE.

Sur l'une de ces collines ombreuses qui bordent la riche et verdoyante vallée de la Touques, à une lieue de Pont-l'Evêque, à trois lieues de la mer et des pittoresques falaises de Trouville, s'élève le frais village de Beaumont. C'est là que naquit d'une famille obscure, sous un humble toît de chaume, celui qui devait pendant quarante ans, en France, en Europe, tenir le sceptre de la science et enseigner aux mondes, semés dans l'espace infini, les lois éternelles sous lesquelles ils gravitent : c'est à Beaumont que Pierre-Simon La Place vit le jour, le 22 mars 1749.

Son père était un modeste cultivateur, dont les labeurs opiniâtres parvenaient à grand peine à soutenir sa famille : le jeune Simon était condamné, peut-être, à manier toute sa vie le mancheron de la charrue ou à porter le mousquet sous la rude discipline d'un sergent aux gardes : peut-être les germes féconds de l'avenir seraient-ils, faute d'alimens, faute d'une étincelle, étouffés sous les nécessités d'une existence vulgaire. Mais le génie de l'enfant devait briser bientôt les barrières du hasard et de la naissance : le temps était venu d'ailleurs où l'égalité, inscrite tout à l'heure dans la loi, s'infiltrait victorieusement dans les mœurs ; où les vraies lettres de noblesse étaient scellées au sceau du talent et de la science ; où commençait aussi à naître cette génération d'immortels soldats, dont chacun a pu dire qu'il portait dans sa giberne un bâton de maréchal.

L'intelligence précoce du jeune La Place, les dispositions peu communes qu'il annonçait, à un âge où les enfans des campagnes commencent à peine à aborder les premiers élémens de la lecture, et surtout cette prodigieuse mémoire, qui ne lui fit jamais défaut jusqu'à la fin de sa longue et glorieuse carrière, attirèrent sur lui l'attention de personnes instruites et charitables, qui résolurent de ne point laisser sans culture une organisation si riche et fournirent aux premiers frais de son éducation.

A quelques pas de la petite maison des parens de La Place, se déployaient les vastes et beaux bâtimens du prieuré de Beaumont, dont les restes dominent encore aujourd'hui le village et la colline. Long-temps l'église des pieux bénédictins, Notre-Dame de Beaumont, fondée vers l'an 1060, par un vicomte de Roncheville, fut célèbre dans la contrée par ses nombreux miracles, et l'abbé Mardageret énumère avec enthousiasme les cures merveilleuses qui s'y opéraient. Mais au XVIIIe siècle, les religieux avaient appelé sur leur couvent un autre genre d'illustration. Membres de cette docte corporation qui a donné au champ vierge et inculte encore des sciences ses pionniers les plus infatigables, à l'histoire ses mines les plus fécondes, les bénédictins de Beaumont avaient fondé chez eux un collège qui reçut, de Louis XV, le nom et les privilèges d'école militaire. Cet établissement acquit bientôt, dans toute la Normandie, une juste célébrité, et on y compta jusqu'à trois cents élèves. C'est de là que sortirent, jusqu'en 1789, plusieurs générations de jeunes gens distingués, dont beaucoup devaient figurer avec honneur dans les positions les plus élevées de l'ordre social : ainsi Caulincourt, depuis duc de Vicence, maréchal de l'empire, ami et confident de Napoléon; le général d'artillerie Evain, que la Belgique empruntait, il y a quelques années à la France, pour réorganiser son administration militaire et son armée; le comte de Beaurepaire, ancien ministre plénipotentiaire, à Constantinople, et d'autres encore : c'est là enfin que les premiers trésors de la science ont été ouverts à l'immortel auteur de la *Mécanique céleste*.

Il est à penser, en effet, que le voisinage de cette grande école fut décisif pour La Place. Les moines n'avaient pas été des derniers à démêler tout ce qu'il y avait de ressources et d'espérances dans le petit paysan; ils lui enseignèrent un peu de littérature, lui donnèrent les premières notions des sciences exactes et développèrent même en lui le sentiment des beaux arts : La Place montrait une aptitude remarquable pour la musique. Cependant ses parens le destinaient à l'état ecclésiastique : l'église avait été jusqu'alors la seule carrière, ou à peu près, qui eût des honneurs, de la considération et de la puissance à promettre à ceux auxquels la fortune avait mesuré d'une main avare les faveurs de la naissance et de la richesse. Les protecteurs de La Place, l'envoyèrent donc continuer et achever ses humanités, à Caen, dans ce collège des Arts, renommé dans le royaume, depuis le seizième siècle, pour la forte discipline de ses études, et

devant la façade duquel s'élèvent aujourd'hui, comme d'impérissables témoignages, les statues de ses deux plus illustres disciples.

La Place acquit rapidement une instruction étendue dans les
langues anciennes et cultiva avec bonheur plusieurs branches de
la littérature : cette vaste intelligence s'appliquait à tout. Il n'est
rien dans le génie naissant qui n'ait un intérêt et un charme particulier : tout en lui est symptôme, tout est révélation. On a remarqué que les premiers succès du grand mathématicien eurent,
pour champ de bataille, la théologie : il débattait avec une extraordinaire sagacité les points les plus difficiles de la controverse
scholastique.

Déjà même il avait pris le petit collet et plus d'une fois, d'a-
près son propre témoignage, il porta le surplis dans l'église Saint-
Sauveur. Mais un jour, des livres de hautes mathématiques tombent entre ses mains : il se jette avec ardeur, avec passion sur cet
aliment, nouveau pour lui, et vers lequel pourtant l'entraine une
impérieuse sympathie. De ce jour, sa vocation est décidée ; il s'a-
bandonne sans réserve à l'impulsion de son génie ; Achille a trouvé
ses armes.

Sous les leçons de deux savans professeurs dont la mémoire de
quelques-uns de nos concitoyens conserve encore le vivant souvenir,
MM. Lecanu et Gastebled, et qui furent pour La Place plus que
des maîtres, des amis, le jeune abbé fit des progrès rapides dans
le domaine des sciences exactes : il y marche à pas de géant.

Cependant l'histoire de cette époque de sa vie est remplie d'obscurité et d'incertitude, image des fluctuations et des préoccupations
intérieures que devaient jeter dans l'âme du jeune et pauvre savant les dures exigences de la vie et les lueurs d'une ambition lé-

gitime qui se défie encore d'elle-même. Ainsi, au lieu d'entrer dans un séminaire suivant le désir de ses parens, nous le voyons revenir à Beaumont où il suit quelque temps, comme externe, les cours de l'école militaire : puis d'élève il devient répétiteur : il avait alors environ 18 ans. Enfin nous savons qu'à cette époque, soit avant, soit après son retour à Beaumont, il fut un instant précepteur dans une des branches de la famille d'Héricy. Remarquons cette coïncidence : le grand Cuvier, celui dont la main, brisant l'écorce de la terre, devait nous en révéler les mystères, pendant que La Place nous dévoilait ceux du ciel, Cuvier était, un peu plus tard, modeste précepteur dans la seconde branche de cette même famille.

Tout en se livrant aux soins assidus de l'enseignement, La Place se rendait familières les plus hautes théories de l'analyse et des sciences qui s'y lient le plus étroitement ( la mécanique, la physique, l'astronomie. ) Peut-être est-ce sur cette belle terrasse du prieuré de Beaumont, d'où la vue, embrassant la large vallée de la Touque jusqu'à la mer, découvre un horizon immense, par une de ces belles nuits d'été, dont il devait révéler les merveilles dans son *Exposition du système du monde*, que La Place tenta sa première expérience dans le livre du ciel.

Mais, soit désir d'aller puiser la science à une source plus féconde, soit qu'un instinct secret l'invitât vers les hautes destinées qui lui étaient réservées, il se sentait invinciblement entraîné du côté de Paris. Son ancien maître, M. Lecanu, avec lequel il avait conservé de douces et solides relations, le confirma dans cette idée longtemps caressée, et dans le courant de l'année 1768, le jeune abbé se mit en route. Il avait pour tout bagage une mince somme d'argent, quelques livres et quelques lettres de recommandation.

5

Parmi celles-ci, il y en avait une de son ancien maître, M. Lecanu, pour le célèbre d'Alembert, le secrétaire perpétuel de l'a-
cadémie des sciences, l'ami de Voltaire, de Frédéric de Prusse et
de Catherine de Russie, et qui réunissait la triple gloire d'écrivain, de métaphysicien et de géomètre.

Plus célèbre encore par les grands travaux qu'il a provoqués que
par les siens propres, d'Alembert était alors, dans le monde des
sciences exactes, le patron incontesté de toutes les gloires naissantes.
C'est lui qui venait d'avertir la cour de Turin que son Académie royale
possédait un géomètre de premier ordre, l'illustre Lagrange, qui,
à défaut de ce noble suffrage, aurait pu rester longtemps ignoré ;
c'est à lui que le roi de Prusse demandait un successeur pour la
chaire du grand Euler, à Berlin.

Les philosophes étaient les rois du siècle ; comme les rois ils
avaient une cour, de grandes et petites entrées, leur grand et leur
petit lever. A moins d'avoir le mot de passe, on ne pénétrait pas
toujours jusqu'à eux. Arrivé à Paris, La Place se présente chez
d'Alembert, fait remettre sa lettre de recommandation, il n'est pas
reçu ; il revient le lendemain ; d'Alembert reste invisible. Voilà
donc notre modeste savant de 19 ans, jeté sur le pavé de Paris,
presque sans ressources au milieu de cette population de poëtes,
de savans, de politiques, d'esprits forts, foule bourdonnante, tour-
billonnante, dont les flots engloutissaient chaque jour quelque vic-
time de la médiocrité, de l'oubli ou de la haine; sous l'indifférence
de laquelle mouraient Malfilâtre et Gilbert. La Place partira-t-
il ? Ira-t-il revoir sa verte Normandie, et, sous les tranquilles
ombrages de la Touque , refouler dans son cœur les rêves d'une
ambition trop tôt éveillée? Non, son jeune courage ne succombe

point si facilement à une première épreuve : ce protecteur dont il a besoin, cet inabordable dictateur du monde savant, il saura, non le fléchir par des sollicitations, le gagner par des intermédiaires; mais le conquérir lui-même, pour ainsi dire, à la pointe de la science. Rentré dans la petite chambrette de son hôtel, il écrit à d'Alembert une lettre en son propre nom. Dans cette lettre, tout en sollicitant le suffrage de l'illustre géomètre, il se livrait aux considérations les plus élevées sur les principes généraux de la mécanique. C'était un véritable chef-d'œuvre, un écrit d'une profondeur singulière, ainsi que le proclamait, soixante ans plus tard, au sein de l'Académie des sciences, le savant Fourrier, auquel La Place en avait, plusieurs fois, cité des fragmens. Tout obstacle tomba aussitôt; d'Alembert avait reconnu la main d'un maître, deviné l'astre naissant : le soir même La Place recevait ce billet :

« Monsieur, vous voyez que je fais assez peu de cas des recommandations; vous n'en aviez pas besoin. Vous vous êtes fait mieux connaître et cela me suffit. Mon appui vous est dû.

« D'ALEMBERT. » (1)

(1) Cette histoire m'a été racontée avec des circonstances différentes, mais d'une manière plus piquante assurément, par le vénérable M. Lair, que La Place a honoré de sa familiarité, et à la bienveillance inépuisable duquel j'ai du de précieux renseignemens pour ce travail. Lorsque La Place alla porter sa lettre de recommandation à d'Alembert, celui-ci, qui se trouvait assiégé de démarches pareilles et qui n'avait pas deviné, dans l'humble jeune homme qui se présentait devant lui, l'auteur futur de la mécanique céleste, l'éconduisit en lui donnant un problème difficile à résoudre. Vous m'en rapporterez la solution dans huit jours, lui dit-il. Dès le lendemain La Place l'apportait. D'Alembert fut d'abord un peu étonné; mais le jeune homme pouvait s'être aidé de secours étrangers : il lui proposa un second problème beaucoup plus difficile. La solution ne tarda pas davantage ; et cette fois l'indifférence ou les doutes de d'Alembert ne pouvant plus tenir contre cette triomphante manière de se produire, sa protection fut acquise au jeune savant de Normandie.

Le protecteur tint parole : le même jour, il fit appeler le jeune homme et le décidant sans beaucoup de peine à déposer le petit-collet , il lui proposa de le faire nommer à une chaire de mathématique, soit à Berlin, soit à Paris. La révocation de l'édit de Nantes avait jeté à Berlin une petite colonie française qui a largement payé l'hospitalité généreuse qui l'accueillit, en faisant naître la Prusse, cette rude nation de soldats, à la vie intellectuelle, en lui donnant ses noms les plus illustres dans la science : les Ancillon, les Savigny étaient encore naguères les représentans de cette glorieuse école franco-prussienne. Au XVIII⁰ siècle, l'Académie des sciences de Berlin était une succursale de celle de France, et d'Alembert y régnait comme à Paris. Cependant La Place préféra aux honneurs de la colonisation sur cette terre vierge encore et presqu'inoccupée, la vie modeste du savant sur le sol de la métropole ; vie laborieuse, longtemps inaperçue, qui perce patiemment la foule et demande sa gloire non pas à l'empire facile de la solitude, mais à la lutte quotidienne, à la défaite ou à l'hommage de nombreux concurrens. La Place ne voulait point quitter Paris ; il y resta, et d'Alembert le fit nommer professeur à l'école militaire.

Dès lors le voilà placé aux premiers rangs de cette immortelle armée de savans que la France, à la fin du XVIIIᵉ siècle, envoie à la conquête de la pensée , comme elle lançait ses incomparables bataillons à la conquête de la liberté du monde. Grande et magnifique époque où tout revêt des proportions surhumaines ; où la terre française, dans un prodigieux accès de fécondité enfante un peuple de généraux dont un seul ferait la gloire d'un empire ; de politiques qui ont été les législateurs de l'humanité ; de géomètres, de physiciens, de chimistes qui ont assuré à cette époque, au nom de la science, l'impérissable renommée que les siècles d'Auguste ou de

Louis XIV ont demandée aux lettres et aux arts! A la royauté littéraire de Voltaire a succédé un sénat auguste de savans, dont on eût pu dire aussi que c'était une assemblée de rois : sévères et héroïques figures, taillées dans le bronze et le granit, et qui nous couvrent encore de leur ombre gigantesque et féconde : Lavoisier, Berthollet, Chaptal, Vauquelin, Lagrange, Lalande, Delambre, Monge, Legendre, Fourrier, La Place !... et vingt autres encore !

Nommé à l'école militaire, La Place voyait son avenir assuré : dès ce moment, livré sans partage à la science qu'il avait choisie, il donna à tous ses travaux une direction fixe dont il ne s'est jamais écarté : la constance imperturbable des vues a toujours été le trait particulier de son génie. Il touchait déjà aux limites connues de l'analyse mathématique, il possédait ce que cette science avait alors de plus ingénieux et de plus puissant : c'était à lui qu'il était réservé d'en agrandir le domaine. Il débuta par un coup de génie.

Les astronomes avaient observé dans les mouvemens de la Lune et de Jupiter une accélération, dans ceux de Saturne un ralentissement continuels. D'après les causes présumées de ces mouvemens on pouvait prédire un temps où Saturne disparaitrait dans les régions inconnues de l'espace, où Jupiter viendrait s'engloutir dans la masse incandescente du soleil, où les hommes enfin verraient la lune se précipiter sur la terre. Le monde savant voyait avec douleur notre système planétaire marcher à sa ruine, et déjà quelques vagues terreurs allaient troubler cette société du XVIIIe siècle dans son insouciance frivole et son septicisme railleur. L'académie des sciences avait appelé sur ces menaçantes perturbations l'attention des géomètres de tous les pays. Euler, Lagrange avaient en vain sondé le redoutable mystère. L'inutilité d'un effort tenté par de tels hommes ne laissait plus de place qu'à la résignation.

Mais voilà qu'en 1772, un jeune homme de vingt-trois ans descend à son tour dans l'arène. Il démontre que cette accélération et cette diminution, dans les mouvemens des planètes, ne sont point continues, mais périodiques, et suivies, après un certain intervalle, d'une réaction égale en sens inverse ; il pose et démontre ce principe lumineux, acquis dès lors à la science astronomique, que si les distances moyennes des planètes au soleil, pendant un nombre de révolutions successives, varient, la moyenne des moyennes est invariablement la même. Tel est l'objet du mémoire que La Place présenta à l'Académie des sciences, en 1772, avec ce titre : *Solution particulière des équations différentielles et inégalités séculaires des planètes.* « Alors, dit M. Arago, les variations de vitesse de Jupiter, de Saturne, de la Lune eurent des causes physiques évidentes et rentrèrent dans la catégorie des perturbations communes ; les changemens si redoutés dans les dimensions des orbites, devinrent une simple oscillation renfermée entre d'étroites limites ; enfin par la toute puissance d'une formule mathématique, le monde matériel se trouva raffermi sur ses fondemens. »

La Place avait désormais conquis son rang dans l'opinion et dans la science ; malgré sa jeunesse, les portes de l'Académie des sciences s'ouvrirent devant lui : en 1772, à l'âge de 24 ans, il fut admis par ce corps illustre comme membre adjoint et, en 1785, comme membre titulaire.

Associé aux travaux de l'Académie des sciences, La Place en devint l'un des membres les plus laborieux et les plus féconds ;

chaque jour, il venait éclaircir par des démonstrations lumineuses les secrets les plus inexpliqués de l'astronomie mathématique;
chacun de ses mémoires était une révélation, et l'on n'en compte
pas moins de vingt-huit dont il a enrichi le recueil de l'Académie, de 1772 à 1790. Confirmer, par les procédés géométriques
les plus élégans et les plus infaillibles, les pressentimens de ses
devanciers; démontrer la justesse, jusques dans leurs derniers
détails, des conceptions ou plutôt des inspirations prophétiques
du grand Newton ; donner enfin aux théories, par la précision
et la profondeur des calculs, une victorieuse universalité, telle fut
l'œuvre à laquelle La Place consacra cette première partie de sa
vie. En même temps il se tenait au courant des découvertes maté-
rielles faites par les astronomes ses contemporains et il fut un
des plus prompts à suivre celle d'un nouvel astre signalé au monde savant, en 1782, sous le nom de *Georgium sidus*, par le célèbre Herschel. Cinq mois après la découverte, La Place, par la
seule puissance du calcul, avait assigné au nouveau monde dont
s'enrichissait l'espace, sa nature, son orbite et les lois de son
mouvement : l'univers avait une planète de plus

Des sympathies nombreuses accompagnaient le jeune savant
dans la route rapide qu'il se frayait. La Place a joui d'un avantage que la fortune n'accorde pas toujours aux grands hommes :
dès le début de sa carrière, il fut dignement apprécié par des amis
illustres. Nous avons parlé de d'Alembert dont les conseils, aussi
bien que le crédit, lui furent si utiles. La Place trouva un autre
protecteur, ou plutôt un ami précieux, dans le premier président au
parlement de Paris, Bochart de Saron, homme d'une vertu antique,
d'un esprit profond et d'un dévouement sans limites pour les

progrès de la science, dont les mystères d'ailleurs ne lui étaient point étrangers . Digne représentant de cette vieille magistrature française qui a donné aux lettres et aux sciences tant d'illustres patrons et de non moins illustres disciples, le président Saron avait consacré, dès sa jeunesse, aux études mathématiques et astronomiques, les loisirs que lui laissaient ses importantes fonctions : en 1779, il arriva à l'Académie. Il avait un goût singulier pour les calculs numériques : les plus longs et les plus difficiles ne l'effrayaient pas, et il ne dédaignait pas de mettre avec une complaisance modeste et infatigable, cette précieuse faculté au service des astronomes avec lesquels il était lié. Sa grande fortune venait en aide à ce beau dévouement : il passait pour posséder les meilleures lunettes, les meilleurs chronomètres ; et les instrumens qui ont fait partie de son observatoire étaient encore recherchés il y a trente ans comme les plus parfaits : son plus grand plaisir était de les prêter aux astronomes distingués.

Un double lien devait rapprocher le jeune savant de Normandie et le président Bochart de Saron. Celui-ci appartenait, en effet, à une famille d'origine normande qui avait acquis un renom héréditaire dans la magistrature et qui se rattachait à notre fameux Samuel Bochart, de Caen, cet abîme d'érudition. Dès les premières années de son séjour à Paris, La Place trouva dans le premier magistrat du royaume, un Mécène généreux et un collaborateur actif. Ce fut celui-ci qui fit la plus grande partie des calculs, tâche pénible et souvent fastidieuse, qui servirent à La Place à déterminer l'astre d'Herschel : ce fut lui aussi qui fit imprimer à ses frais les premiers ouvrages de La Place, et prit soin de les répandre en France , et dans toute l'Europe , inappréciable service rendu non seulement , à son jeune ami , mais au monde savant tout entier. Les livres de mathématiques ne s'imprimaient alors que difficilement et à grands frais, et la fortune de La Place était encore bien modeste.

Mais les services rendus par La Place ne se bornaient point à l'étude des phénomènes célestes, et le livre de la nature ne devait avoir rien de fermé pour lui. Nous le voyons alors tantôt seul, tantôt avec Lavoisier, avec Berthollet, introduire, dans la recherche et la démonstration des lois de la physique et de la chimie, des méthodes d'analyse et de mesure dont on n'avait aucune idée jusqu'alors et qui portèrent à ses dernières limites la précision des expériences. Lavoisier, l'illustre fondateur de la chimie en France, était comme le président Saron, un Mécène pour la science : la grande fortune qu'il avait amassée dans les fermes-générales était noblement consacrée à leurs progrès, ses libéralités allaient trouver les talens naissans, et son laboratoire était ouvert à ceux qui furent ses plus illustres disciples et plus tard ses dignes émules et ses glorieux héritiers, Fourcroy, Berthollet, Vauquelin, Chaptal, etc. Comme Saron encore, il fut l'ami et le collaborateur de La Place. Les *capacités* diverses des corps pour le calorique étaient alors à peine soupçonnées , bien loin qu'on eût aucun moyen de les soumettre au calcul. Lavoisier et La Place entreprirent de faire disparaitre cette lacune et le géomètre imagina des instrumens de mesure d'une précision qui dépassait toutes les exigences de la pensée : au moyen du calorimètre inventé par La Place et Lavoisier, vers 1778, un cent-millionième d'alongement dans la dilatation était devenu sensible ! L'année suivante, les deux savans présentaient à l'Académie leur célé-

6

bre *Mémoire sur la chaleur*, manifeste d'une véritable révolution dans les sciences physiques.

La Place se préoccupait à la même époque d'un autre ordre d'application des hautes mathématiques, je veux parler des problèmes sur les probabilités, questions d'un intérêt si piquant, si usuel et dont la solution mène aux résultats les plus surprenans. Voilà donc notre géomètre abandonnant par intervalle la région des sphères célestes, et le domaine des lois immuables du monde physique, pour sonder les insaisissables caprices du hasard. Mais il lui arrache son sceptre aveugle, à cette chose indéfinie qu'on appelle hasard, sort ou fatalité; il renferme dans des limites ses oscillations vagabondes, il la réduit à n'être plus qu'un nom. Dès 1774, La Place publiait un premier mémoire sur *la probabilité des causes par les événemens*; en 1778 un second mémoire sur *les probabilités*. Amené par ces travaux de la théorie des institutions aléatoires, aux calculs sur la vie, et aux diverses branches de la statistique, nous le voyons donner encore, en 1785, un travail sur *les naissances, les mariages et les morts à Paris*, puis de concert avec les philosophes, Duséjour et Condorcet, un *Essai pour connaître la population du royaume*, travail immense où La Place avait calculé et transporté sur chacune des cartes de Cassini la somme moyenne des naissances annuelles dans les villes, dans les bourgs, dans les moindres villages indiqués sur les cartes.

Ainsi toutes les branches de nos connaissances auxquelles s'applique la puissance féconde du calcul, La Place les avait abordées, disciplinées, en quelque sorte, sous la règle inexorable de la formule et des chiffres; toutes les idées fondamentales dont le développement et la démonstration ont fait sa gloire, il les avait conçues à trente ans, la plupart même avant cet âge. Chaque

année en faisait sortir quelqu'une de l'état de vague inspiration
pour l'élever à la hauteur d'un fait scientifique et d'une vérité
démontrée, déjà il songeait à réunir et ses propres découvertes
et celles de ses illustres devanciers, Kepler, Descartes, Newton,
à les combiner en un vaste corps d'ouvrage qui embrasserait le
système entier de l'univers, achèverait, en l'agrandissant, l'édifice commencé par l'immortel Newton, et serait comme l'*Alma-
geste* des temps modernes.

Tel était le grand dessein qui l'occupait, lorsqu'au sein des
loisirs féconds que lui laissait cette médiocrité dorée tant aimée
d'Horace, modeste récompense du génie, au milieu des sereines
inspirations de la science, éclatèrent soudainement les orages de
la révolution. Le trône antique de Philippe-Auguste, de François
1er et de Louis XIV, s'écroule avec fracas et avec lui ces institutions savantes, ces académies, ces universités, ces écoles, tous
ces grands corps qui avaient appartenu de quelque côté à la
royauté, et d'où étaient parties pourtant les premières protesta-
tions de la philosophie au nom de la liberté humaine. Les nive-
leurs de 93 firent table rase dans le monde savant comme sur le
sol politique, préparant, qu'ils le voulussent ou non, une plus
large base, où le génie créateur de Napoléon devait fonder ces
vastes, réguliers et magnifiques édifices, véritables conservatoires
de la pensée et de la science, l'Institut et l'Université.

A cette ruine radicale de l'organisation scientifique du pays,
Laplace perdit et sa pension d'académicien et ses fonctions d'examinateur des élèves des corps royaux d'artillerie et de marine,
titre dans lequel il avait succédé à l'excellent professeur Bezout.
Les temps étaient mauvais pour les savans : c'était l'époque où le
vieil Anquetil était réduit à venir arracher pour se nourrir les

herbes du bois de Boulogne; où Bailly montait à l'échafaud; où
la proscription allait atteindre le président Saron dans la retraite
où il achevait sa pure et laborieuse carrière; où d'immenses services rendus aux sciences et à l'industrie ne pouvaient faire pardonner à Lavoisier son titre impopulaire de fermier-général. La Place voyait ainsi la hache révolutionnaire décimer impitoyablement
chaque jour la foule regrettée de ses maîtres, de ses amis, de ses
compagnons de travail et de gloire. Lui-même et son illustre émule
Lagrange n'échappèrent à la mort que parce qu'on les mit en ré-
quisition pour calculer la théorie des projectiles, pour diriger les
opérations du tannage des cuirs nécessaires à nos armées. Cette
fois du moins la science protégea ses disciples; et cependant il y
eut un moment où cette protection même leur manqua, où l'af-
freux Fouquier-Tinville jeta comme un défi à la raison humaine
et à la civilisation moderne, ces atroces paroles : « La France n'a
besoin ni de savans, ni de chimistes ! »

Monge, Berthollet, La Place, tous ceux qu'avait jusqu'alors
épargnés le couteau de la terreur cherchèrent alors leur salut
dans une prudente retraite. Cette jeune société révolutionnaire,
dans l'ivresse d'une liberté long-temps refusée et conquise d'hier
par la force, avec sa haine du passé, son orgueil du présent, ses
craintes pour l'avenir, avec ses défiances mortelles et farouches
pour tout ce qui ressemblait à des inégalités sociales, passait sous
le même niveau et la supériorité de l'intelligence et du talent
et celles qui naissaient naguères de la faveur ou de la naissance.

Réfugié à la campagne près de Melun, La Place y attendit pendant toute l'année de 1794 que des jours plus calmes succédassent
à la tourmente. Là s'isolant de la terre, échappant par la pensée

à ses convulsions, à ses douloureux spectacles, il se plonge dans les espaces infinis où se meuvent les mondes, sans secousses et dans une immuable harmonie : c'est là qu'il commence son maître-œuvre, son monument, la *mécanique céleste*. Il avait près de lui, comme pour le consoler des nobles amitiés que lui avait ravies la fureur populaire, un compagnon fidèle et dévoué, instruit autant que modeste, que nous voyons dès-lors associé à tous les travaux, et, nous devons le dire aussi à la gloire du grand géomètre : c'est Bouvard, fils, comme Laplace, d'un simple laboureur, né dans un obscur village des Alpes, au fond de cette profonde vallée de Chamouni que le Mont-Blanc enveloppe de son ombre colossale. Son intelligence s'était éveillée au bruit des savantes recherches de Saussure, que les pauvres montagnards de la Savoie suivaient, admiraient sans les comprendre, et un jour il était parti, le bâton à la main et le sac sur le dos, pour venir demander à Paris, cette métropole de l'esprit humain, l'aumône de la science. La Place, protecteur à son tour, avait distingué Bouvard et l'avait attaché à sa fortune : amitié pure et inaltérable qui, sans se démentir jamais, alla toujours se fortifiant, par un échange de services réciproques et une perpétuelle communication d'idées et de découvertes. Plus tard, par la double influence de titres incontestables et du crédit légitime de son illustre ami, Bouvard devint membre du Bureau des Longitudes, puis de l'Académie des sciences. C'est à lui que sont dus la plus grande partie des calculs de la *Mécanique céleste*. C'est chez lui et dans son cabinet, que, jusques dans les derniers jours de sa vie, La Place allait coordonner ses savantes formules avec les résultats numériques de l'infatigable calculateur. Le nom de Bouvard a été inscrit dans deux ouvrages immortels, et ce n'a pas été son moindre titre d'honneur, que de laisser aux siens le droit de graver sur sa tombe : « Il fut le collaborateur et l'ami de Laplace ! »

Cependant Robespierre était tombé, et avec lui, sinon les réactions sanglantes, du moins le système de la terreur organisée ; le ciel de nos révolutions commençait à s'éclaircir, et la science pouvait revenir planter ses tentes sous l'ombre tutélaire du gouvernement nouveau, qui avait à cœur de venger la révolution du reproche de barbarie que lui adressait l'Europe. La Place, quitta son asile de Melun, et rentra dans Paris en 1795.

Les collèges et les écoles de tout ordre avaient été emportés, avons-nous dit, dans le cataclysme révolutionnaire. Les professeurs appartenant pour la plupart au clergé et aux congrégations avaient été dispersés, proscrits. Quand la Convention voulut réorganiser l'enseignement, il se trouva qu'on manquait de maîtres. C'est dans ce but qu'elle décréta la création de l'école normale, ou, comme on disait alors, des écoles normales, vaste pépinière de professeurs qui venaient comme à une source commune, y puiser les doctrines les plus élevées pour les répandre ensuite dans la France entière.

Celui que l'on commençait à nommer le Newton français , La Place, ne pouvait manquer d'être appelé avec les Monge, les Garat, les Chaptal, les Haüy, les Bernardin-de-St-Pierre, à organiser cette belle institution. Sa nomination l'alla chercher à Melun, et le 20 janvier 1795, le premier il inaugurait ces cours célèbres, par une leçon couverte d'applaudissemens enthousiastes : sur les bancs de bois de l'amphithéâtre, parmi les élèves qui l'entouraient de leur respect, écoutait religieusement un noble vieillard à cheveux blancs ; c'était l'émule de Cook, l'illustre navigateur Bougainville, celui qui visita le premier cette terre de Taïti sur laquelle flotte aujourd'hui le pavillon de la France (1).

L'enseignement, la part que devait prendre au mouvement politique, tout homme distingué dans la foule, à une époque où la foule était toute-puissante, n'empêchaient point La Place de se livrer avec une constance infatigable au travail intérieur de ses belles conceptions. En 1796, il présentait au conseil des Cinq-Cents son *Exposition du système du monde* qui était comme le portique de son grand ouvrage de la *Mécanique céleste*, dont les deux premiers volumes parurent en 1799. Le portique est ouvert à tous, c'est une traduction des plus hautes vérités de l'astronomie dans un langage intelligible et élégant, et, en même temps, un des beaux monumens de la langue française : quant au sanctuaire, il ne se laisse pénétrer que par les adeptes intimes et rares de la science la plus élevée.

Cet ouvrage assura à La Place le premier rang et une sorte de dictature dans le monde savant. Appelé des premiers à faire partie de l'Institut, ce fut lui qui proposa à ses collègues, dans cette célèbre compagnie, d'offrir annuellement aux représentans du peuple le compte-rendu de leurs travaux : la motion fut adoptée, et en 1797, il parut au milieu du conseil des Cinq-Cents à

---

(1) Le *Moniteur* du temps relève une particularité de la leçon de La Place. Celui-ci aurait critiqué très spirituellement, mais dans le goût philosophique du temps une théorie bizarre de Leibnitz. Le savant allemand croyait voir le mystère de la création dans l'arithmétique binaire dont il était l'inventeur : *l'unité*, suivant lui, était le Dieu créateur, et le *zéro*, le monde que Dieu tirait du néant.

Les cours de cette première école normale étaient professés dans l'amphithéâtre du jardin des plantes : ils ne durèrent que quelques mois.

la tête d'une députation de savans qui venaient rendre à la patrie, en découvertes et en lumières nouvelles, ce qu'elle leur accordait de protection et d'honneurs. La Place portait la parole : il fit, avec l'accent d'une conviction profonde, l'éloge pompeux de la république des sciences et de la république française et comparant au mécanisme des sphères célestes celui des choses d'ici bas, il tira de ce rapport de lumineuses applications à la représentation nationale, au directoire et à la grande Révolution qui venait de régénérer la France.

Peu de temps après, le jeune vainqueur d'Arcole et de Rivoli revenait à Paris jeter sa triomphante épée dans la balance du gouvernement. Avide de toutes les gloires il brigua, à l'égal des plus grands honneurs qu'il ait convoités, une place à l'Institut; et plus d'une fois on le vit siéger dans l'illustre assemblée entre La Place et Lagrange. Bonaparte qui, plus que personne, connaissait la valeur des hommes, ne pouvait manquer de rendre hommage au mérite de La Place : La palme du guerrier saluait celle du savant : noble union de deux génies également grands dans leur sphère, également impérissables. On vit Bonaparte cultiver avec empressement la société de La Place, avec une sorte d'affectation même qui n'était qu'honorable pour celui-ci. Le 27 vendémiaire an x ( 6 novembre 1801 ), après avoir reçu un volume de la *Mécanique céleste*, il écrivait à La Place :

« Les premiers *six mois* dont je pourrai disposer seront employés à lire votre bel ouvrage. »

Le 5 frimaire an xi (14 décembre 1802), la lecture de quelques chapitres du volume que La Place lui avait dédié était pour le général « une occasion nouvelle de s'affliger que la force des circons-

« tances l'eût dirigé dans une carrière qui l'éloignait de celle des
« sciences.

« Au moins, ajoutait-il, je désire vivement que les généra-
« tions futures, en lisant la *Mécanique céleste*, n'oublient pas
« l'estime et l'amitié que j'ai portées à son auteur. »

Le 17 prairial, an XIII (22 juin 1804), le premier consul devenu empereur écrivait de Milan : « *La mécanique céleste* me
« semble appelée à donner un nouvel éclat au siècle où nous vi-
« vons. »

Enfin, le 12 août 1812, Napoléon a qui le *Traité du calcul
des probabilités*, venait d'arriver, lui écrivait de Witepsk, du fond
de la Russie, la lettre suivante :

« Il fut un temps où j'aurais lu avec intérêt votre traité du
« calcul des probabilités. Aujourd'hui je dois me borner à vous
« témoigner la satisfaction que j'éprouve, toutes les fois que je
« vous vois donner de nouveaux ouvrages qui perfectionnent et
« étendent la première des sciences et contribuent à l'illustration
« de la nation. L'avancement, le perfectionnement des mathé-
« matiques sont liés à la prospérité de l'Etat. » (1)

Il estimait à haut prix les conseils de La Place et il eut souvent
recours à lui pour la formation de la célèbre commission d'Egypte.
Au retour de cette expédition, lorsqu'il eut dressé son prétoire dic-
tatorial sur les débris des fauteuils du directoire, et qu'avec le titre
de premier consul il eut conquis l'empire souverain de la France,
li appela au ministère de l'intérieur notre illustre astronome. Il
pensait sans doute à la république de Platon où les philosophes

---

(1) Ces extraits précieux sont cités par M. Arago, à la fin de sa *Notice
sur les principales découvertes astronomiques de La Place*. (Annuaire
du Bureau des Longitudes pour 1844).

étaient rois, ou peut-être comptait-il, comme l'a dit un écrivain, que l'homme qui avait triomphé des perturbations planétaires, aurait également raison des perturbations sociales.

Chargé du soin alors si difficile de régénérer l'intérieur de nos provinces, La Place porta dans le ministère, a dit M. de Pastoret, la simplicité de ses mœurs, la douceur de sa vertu, un zèle que l'on reconnut trop mal. D'ailleurs, cette existence agitée du ministre, ce tourbillon d'affaires, cette servitude d'intérêts multiples qui forcent l'homme le mieux doué à dépenser toute son activité aux besoins du jour, ne pouvaient convenir à l'intelligence spéculative de La Place. Peut être eut-il le tort bien excusable de vouloir apporter dans la pratique des choses humaines, les habitudes exactes de la géométrie : c'est ce que donne à penser ce jugement légèrement épigrammatique de l'auteur des Mémoires de Sainte-Hélène, qui nous le représente comme cherchant des subtilités partout et partout ne voyant que des infiniment petits. Le ministère de La Place fut court (novembre et décembre 1799). Au bout de six semaines, il échangeait son pesant fardeau contre un titre qui le rendait à la société de ses amis et de ses collaborateurs, à la culture chérie de ces sciences qu'il n'avait cessé un seul jour de regretter : le premier consul lui donna un siège au sénat conservateur (1). Il devint, en 1803, vice-président, puis chancelier de ce corps, le premier de l'empire. Le nouveau César avait, il est vrai, prodigué à cette haute assemblée plus d'honneurs

---

(1) La Place aurait pu faire la même réponse que Rœderer, lorsque le premier consul qui le trouvait trop *métaphysicien* l'eut relégué du Conseil d'Etat où tout se faisait, dans le sénat où tout se conservait : « Eh bien! int dit Napoléon en riant, nous vous avons placé parmi nos pères conscrits. » — Oui, répondit gaiement Rœderer, vous m'avez envoyé *ad patres.* »

que de puissance réelle : sous leur toge sénatoriale, les collègues de La Place n'étaient à bien dire que les membres
d'un grand-conseil administratif. Du moins l'avis de ces hommes,
vieillis presque tous dans la connaissance des hommes et des
choses et dans l'expérience d'affaires , était toujours consulté
par le maître et souvent suivi. La Place apporta dans ces fonctions un sentiment consciencieux de ses devoirs et un zèle qui ne
se démentit jamais. La plupart des hommes de cette mémorable
époque ont appliqué au monde politique, la science, après l'avoir
découverte. Ils ne sont pas seulement des savans, ce sont des
hommes d'état. Leur vie se partage entre les recherches de la
pensée et les vicissitudes de l'action. C'est à cette classe de savans qu'appartient La Place, géomètre, écrivain, ministre, législateur, il a éprouvé les plaisirs purs de l'intelligence et les
jouissances mélangées de l'ambition. Rapporteur de nombreuses
commissions au sénat, ce fut lui particulièrement qui proposa de
revenir au calendrier grégorien et d'abandonner le calendrier inventé par la révolution et auquel les auteurs, avec cette confiance propre aux innovateurs, avaient voulu « imprimer le ca-
« chet moral et révolutionnaire qui le fît passer aux siècles à
« venir. (*Moniteur* du 12 fructidor, an iii.

D'autres distinctions lui étaient encore réservées ; en 1807, il
fut nommé président de la société maternelle, placée sous la protection de Madame-Mère; nommé grand officier de la légion
d'honneur en 1805, lors de l'institution de cet ordre, il fut élevé
au grade de grand'croix en 1813 et, la même année, à celui de
grand-officier dans l'ordre de la Réunion. Dès 1806, Napoléon lui
avait donné le titre de comte de l'empire.

Ces travaux, ces honneurs, ces dignités ne lui firent jamais oublier un instant ses études favorites : chaque jour cette grande et infatigable intelligence enfantait quelque grande et lumineuse conception qu'elle formulait sur une page nouvelle : de 1798 à 1801, nous le voyons insérer dans les recueils de l'Institut, dans ceux de la société d'Arcueil , dans le journal de l'école polytechnique , de nombreux mémoires sur *le flux et reflux*, sur *la théorie de la Lune*, sur *les orbites des satellites de Saturne et d'Uranus*, sur *le mouvement de la lumière dans les milieux diaphanes ;* sur diverses questions de mécanique, sur les probabilités, etc., etc. De 1800 à 1813, il donne trois nouvelles éditions de son *Exposition du système du monde ;* en 1812, la *Théorie analytique des probabilités,* en 1814, le célèbre essai philosophique sur les probabilités; enfin aux deux volumes de la *Mécanique céleste* publiés en 1799, il en ajoutait un troisième en 1803, un quatrième en 1805; ajoutons à ces laborieuses méditations du cabinet dont les témoignages immortels subsistent, la part que La Place, membre assidu, prenait aux discussions et aux travaux de l'Institut, de la société d'Arcueil, du bureau des longitudes, du conseil de perfectionnement de l'école polytechnique : ajoutons encore ces entretiens si élevés, si féconds, qu'il accordait à tous avec tant de bienveillance. « Pour les étrangers qui cherchaient à profiter de ce qu'il avait fait, pour les jeunes gens qui entraient dans la carrière, pour les savans et les hommes de lettres qui commençaient à se distinguer, il était un guide aussi constant qu'aimable : tous ceux qui s'adressèrent à lui, lui durent des encouragemens et des lumières. (M. de Pastoret,) »

Ce n'était pas seulement envers les sciences qu'il acquittait sa dette; rien de ce qui élève l'esprit humain et concourt au perfectionnement social et à la civilisation ne lui était indifférent. Il aimait les lettres, auxquelles il avait payé un si beau tribut dans son *Exposition*; Racine était son poëte favori, et il se plaisait souvent à citer de mémoire de longs passages de ses vers : l'image du grand tragique était dans son cabinet à côté de celle de Newton. Sans cultiver lui-même les beaux-arts, il savait les apprécier : il avait une prédilection particulière pour la musique italienne, et les compositions de Raphaël ornaient ses appartemens, en compagnie des portraits de Descartes, de François de Viète, de Galilée et d'Euler. Tel était La Place, tel il fut pendant les trente dernières années de sa longue carrière, comblé d'honneurs et placé aux premiers rangs dans l'Etat, mais plus grand par la science que par les dignités: entouré des hommages de tout ce qu'il y avait d'illustre par le talent et le savoir, il semblait présider en quelque sorte, à la marche de l'esprit humain. Y eut-il jamais vie plus active, plus largement et plus noblement occupée, plus glorieuse? Fontenelle avait dit de Newton qu'il eut le rare bonheur de jouir de sa renommée pendant sa vie : La Place eut encore ce trait de ressemblance avec son immortel prédécesseur.

Cependant arriva l'année 1814, où ce prestigieux édifice de l'empire, élevé comme par enchantement par le génie de Napoléon, s'écroula sous les coups de l'Europe conjurée, et aussi sous les fautes du maître. Avec ceux qui, sans doute, voyaient dans la déchéance de l'empereur et dans la restauration, environnée de garanties constitutionnelles, de la maison de Bourbon, le retour vers une liberté sage et trop long-temps refusée, La Place s'associa à l'acte qui appela Louis XVIII au trône. Echangeant son titre de sénateur contre celui de pair, il resta fidèle à sa récente conviction et, pendant les Cent-Jours, il ne fut point de ceux qui, traités avec honneur et bonté par la dynastie restaurée, se précipitèrent aux Tuileries pour aller adorer l'astre impérial un instant remonté sur l'horizon et que 'dans quelques jours ils allaient abandonner de même. « Calcul ou noblesse de cœur, ce fut un beau moment dans la vie de La Place, et d'autant plus que certainement Bonaparte l'eût accueilli avec plaisir : il cherchait à rallier toutes les sommités... Avoir applaudi au consulat et à l'empire, qui incontestablement réorganisèrent la France et la firent glorieuse, grande une et forte, puis applaudir à la restauration qui, amenée par les fautes de l'empire, pouvait donner à la France une stabilité plus grande et fixer son rang normal en Europe, ne supposait point une honteuse versatilité, bien qu'il soit fâcheux d'avoir à louer l'un après l'autre deux systèmes ennemis (1). »

Mais quels que fussent les maîtres que la fortune poussât au pouvoir, tribuns, empereur, ou roi, La Place resta fidèle à la cause de la science : les mémoires de l'institut sont là pour témoigner que l'âge n'avait point ralenti son ardeur. Cette grande intelligence se conserva, jusqu'à la fin, sereine et maîtresse d'elle-même. Ce fut en 1825, à l'âge de soixante-seize ans, qu'il fit paraître le cinquième et dernier volume de la *Mécanique céleste*. Certes, lorsqu'il eut écrit la dernière ligne de ce livre immortel, lorsqu'il put dire comme Horace : *Exegi monumentum!* son cœur dût battre d'un légitime orgueil, son âme frémir d'une joie immense : son génie dût se sentir emporter vers les sphères célestes par cet enthousïasme ailé qui arrachait à Kepler, son sublime précurseur, ces triomphantes paroles : « Depuis huit mois,

---

(1) M. Parisot, dans la Biographie universelle. Cet article très-incomplet, quelquefois déclamatoire et souvent injuste dans la partie biographique, est au contraire très-étendu et très-analytique pour la partie bibliographique.

j'ai vu le premier rayon de lumière ; depuis trois mois, j'apper-
çois le jour ; enfin, depuis quelques jours, je regarde le soleil de
la plus admirable contemplation ; je m'abandonne à mon enthousiasme ; car j'ai dérobé les vases d'or d'Egypte pour en former à
mon Dieu un tabernacle bien loin des confins de l'Egypte. Le
sort en est jeté. J'écris mon livre ; il sera lu par l'âge présent
ou par la postérité, peu m'importe. Mon livre peut attendre ses
lecteurs. Dieu n'a-t-il pas attendu six mille ans avant de créer
une intelligence qui pût comprendre ses œuvres. » Plus heureux
que celui de Kepler le livre de La Place ne devait point attendre : la postérité fut pour lui contemporaine. Ses apparitions successives furent accueillies par l'admiration éclairée des savans,
par la foi des profanes, par la reconnaissance de tous : pour
tous, la *Mécanique céleste* était comme la charte des cieux et l'é-
vangile infaillible de l'astronomie. Les générations des hommes
passeront, les siècles se succèderont et l'œuvre de La Place vivra
toujours comme l'expression de l'éternelle vérité.

Rien ne manquait maintenant à la gloire du vénérable savant.
Louis XVIII l'avait fait marquis. l'Académie française l'avait
admis dans son sein en 1816, rendant hommage à ce beau et sévère langage dont il avait revêtu les procédés si souvent arides, et
obscurs des sciences exactes : enfin, en 1817, il était appelé à la
présidence de l'Académie des sciences, héritier, mais plus illustre, de cette dictature intellectuelle qu'avait exercée d'Alembert.
Héritier aussi du noble exemple que lui avait laissé son premier
protecteur, La Place se plaisait à user de son influence et de son
incontestable autorité pour produire les jeunes savans de mérite. Il
leur ouvrait les écoles et les corps savans, et leur assurait des encouragemens ou des places qui, en les élevant au-dessus des besoins

vulgaires de la vie, leur permissent, comme il lui avait été permis à lui-même, de se consacrer tout entiers au service de la France.

La Place a attaché son nom à la création de toutes nos grandes institutions scientifiques, l'institut, le bureau des longitudes, l'école normale, l'école polytechnique. Lorsqu'il était ministre de l'intérieur, il contribua à donner à celle-ci une organisation vivement désirée. Plus tard, en 1816, il présida la commission chargée de rédiger le plan d'organisation qui, a peu de chose près, la régit encore aujourd'hui. Dans tous les temps, il n'a cessé de donner des preuves multipliées de l'intérêt tout paternel qu'il portait à cette brillante école; et comme membre du conseil de perfectionnement, fonctions qu'il a constamment remplies, il a eu une part considérable au progrès qu'elle a faits dans les hautes études scientifiques.

C'est dans ces occupations aimées que se passa la plus grande partie des douze dernières années de sa vie, de 1815 à 1827. Il ne demeura pas cependant étranger aux affaires publiques. Membre de la chambre des pairs, plus d'une fois il monta à la tribune et soit qu'il appliquât aux chiffres du budget la clarté de ses formules, soit qu'il attachât son raisonnement aux formes de l'instruction criminelle, soit enfin que l'exportation des grains ou la constitution de l'amortissement appelassent l'attention de la chambre, on était frappé des clartés imprévues que répandaient tout-à-coup sur toutes les questions une si grande richesse de lumières, une si grande profondeur de méditation (1).

Heureux au-dehors par la vénération qui l'entourait, il connut

(1) M. de Pastoret.

aussi le bonheur domestique, au sein d'une famille chérie, entre
une femme et un fils bien dignes de la tendresse d'un tel homme.
Officier d'artillerie sous l'empire, colonel sous la restauration et
gentilhomme de la chambre du roi, aujourd'hui lieutenant-gé-
néral, M. le marquis de La Place est, depuis la mort de son père,
l'un des membres les plus actifs de la chambre des pairs, en
même temps qu'il est un des officiers les plus instruits de notre
armée : la réserve commandée aux contemporains nous défend
d'en dire davantage. Madame de La Place (1), femme d'une raison
supérieure, éprise, bien légitimement sans doute, de la gloire de
son illustre époux, et dont l'aménité et les grâces embellissaient
le foyer de La Place, a laissé chez tous ceux qui la connaissent le
souvenir de sa douce vertu jointe à une noble et inépuisable ama-
bilité. Personne ne pratiqua avec plus de délicatesse les lois de
l'hospitalité. La Place recevait souvent et beaucoup de monde :
mais entraîné, absorbé facilement par les charmes d'une discus-
sion particulière, il négligeait quelquefois les autres invités ; madame de La Place savait toujours réparer cet oubli et faire avec
un tact exquis les honneurs de sa table ou de son salon. Aujour-
d'hui madame la marquise de La Place vit encore, conservant
pieusement dans son cœur le culte de son mari, idole de son fils
et entourée d'hommages.

Au-dehors, La Place était un homme froid, au regard sévère
et presque hautain ; mais dans l'intimité il était plein de simplicité et d'abandon : personne n'eut d'amitiés plus solides ; Lavoisier, Berthollet, Bouvard l'ont éprouvé : c'est à Arcueil, auprès
de l'illustre chimiste Berthollet, dont les jardins communiquaient

(1) Née Courtils de Romanches.

8

avec les siens, que La Place allait se reposer de ses immenses travaux, dans les courts loisirs d'une affection commune et d'un
doux échange d'idées, loisirs dont rien n'était perdu pour la
science ! Les hommes qui furent ses élèves et qui sont aujourd'hui les princes de la science, MM. Arago, Thénard, Biot, Cauchy, etc., pourraient dire combien il était d'un abord facile, et
combien de sa conversation, nourrie de lucides aperçus et d'infaillibles conseils, on se retirait plus éclairé et plus confiant en
soi-même.

Le théâtre glorieux où il passa soixante années de sa vie ne lui
fit jamais oublier le berceau modeste de ses premiers succès. Plus
d'une fois il revint visiter le toit paternel et conserva religieusement,
en l'agrandissant sans cesse, cette terre du *Merisier*, que cultiva
son père il y a cent ans, et qui aujourd'hui encore est dans sa
famille. Lorsqu'il venait à Caen, il trouvait un charme singulier à
revoir ces bâtimens du collége des Arts, où il avait goûté le
prémisses de la science qui fut sa passion et sa gloire, à repasser
par les lieux qu'il avait fréquentés autrefois. Une petite anecdote
en est restée. C'était sous l'Empire, alors que La Place était revêtu de la haute dignité de chancelier du Sénat : il parcourait la
ville avec notre vénérable M. Lair : passant devant l'église Notre-
Dame (aujourd'hui St-Sauveur), il lui prit fantaisie d'y entrer.
Le curé faisait en ce moment une instruction sur le catéchisme à
de petits enfans, et l'un d'eux, rebelle à la leçon sans doute, avait
été mis en pénitence. La Place qui n'était pas connu, s'avança
vers l'ecclésiastique : « Monsieur le curé, lui dit-il, j'ai porté autrefois le surplis dans votre église : au nom de ce souvenir, qui
m'est cher, je vous demande la grâce de ce petit garçon. » La grâce
fut accordée.

La Place était d'une sobriété extraordinaire : sa nourriture était frugale, peu variée et très légère, et il en diminua de plus en plus la quantité jusqu'à un point excessif. Sa vue, très délicate, exigeait des précautions continuelles ; il parvint à la conserver sans aucune altération. Ces soins de lui-même n'ont jamais eu qu'un seul but, celui de réserver tout son temps et toutes ses forces pour les travaux de l'intelligence. Il avait cette contention d'esprit, si nécessaire aux études profondes, mais si nuisible à la santé. Toutefois, il n'éprouva d'affaiblissement sensible dans son tempérament que dans les deux dernières années de sa vie. Il venait de poser la dernière pierre de son édifice (cinquième volume de la *Mécanique*, 1825); il semblait que sa mission fût finie. Ceux qui ont dit que les discussions et les contradictions qu'il eut à essuyer avec de plus jeunes adversaires, au sujet du perfectionnement des tables lunaires, abrégèrent ses jours, ont oublié que La Place avait atteint sa soixante-dix-huitième année.

Deux semaines avant sa mort, athlète infatigable, il envoyait au bureau des longitudes un mémoire sur les *oscillations de l'atmosphère*, et au début de la maladie qui devait l'emporter en quelques jours, il parlait, dit Fourrier, avec une ardeur inaccoutumée du mouvement des astres, et ensuite d'une expérience de physique qu'il disait être capitale, annonçant (était-ce le délire?) aux personnes qu'il croyait présentes qu'il irait bientôt entretenir l'Académie de ces questions (1).» Cependant ses forces l'abandonnèrent de plus en plus; son médecin, le célèbre Magendie, son inséparable collaborateur et ami, Bouvard, veillaient sans cesse à son chevet : sa femme, son fils, des amis éplorés, de nobles mes-

_____

(1) Fourrier, éloge de La Place.

sagers envoyés par le roi et le dauphin, comme pour honorer ses
derniers instans, entouraient son lit de mort; on lui parlait de
ses titres à la gloire, de ses éclatantes découvertes : « Ce que
nous connaissons est peu de chose, ce que nous ignorons est im-
mmense, » et il s'éteignit sans douleur, le 5 mars 1827, à 9 heures du matin : Newton était mort précisément un siècle auparavant, le 20 mars 1729.

Celui qui avait expliqué le monde au monde lui-même, dispa-
rut du milieu des hommes, et ce génie puissant, s'arrachant à son
enveloppe terrestre, remonta vers les cieux.

Ses derniers momens avaient été ceux d'un philosophe chrétien :
le curé d'Arcueil l'assista à son heure suprême et son âme quitta
cette vie sous les auspices de la foi.

La mort de La Place fut un deuil pour la France, pour le monde savant tout entier. Lorsque la nouvelle en fut apportée à l'Aca-
mie des sciences, les membres, réunis le 5 mars à l'heure accou-
tumée, gardèrent un morne silence, comme si chacun d'eux res-
sentait le coup funeste dont les sciences venaient d'être frappées :
puis, ils décidèrent spontanément et d'une voix unanime , que la
séance n'aurait pas lieu : hommage inusité ! Cette fois seule, les
travaux de l'Institut furent interrompus; comme si en présence
de cette grande perte , toute autre pensé toute autre méditation
fût devenue impossible.

Les obsèques de La Place furent célébrées le 7 mars dans l'é-
glise des Missions étrangères , et ses dépouilles mortelles furent
transportées au cimetière du Père-La-Chaise. Des députations de
la chambre des pairs et de l'Institut, des pairs, des députés , des
maréchaux de France , des généraux , les élèves de l'école Polytechnique, un nombreux cortége d'amis , de savans français et

étrangers , de religieux disciples, accompagnaient le convoi. Des voix éloquentes, celles de MM. Daru, Poisson, Biot, prononcèrent sur sa tombe le dernier adieu.

La voix des sciences éplorées se fit bientôt entendre de toutes les parties du monde civilisé. Des correspondances arrivèrent à Paris de l'Allemagne, de l'Angleterre, de l'Italie, de la Nouvelle-Hollande, de l'Inde Anglaise, des deux Amériques, toutes apportant à la mémoire de La Place un tribut commun d'admiration et de regrets, et décernant au citoyen un hommage dont l'éclat rejaillit sur la patrie.

La patrie n'a point été ingrate : la commune de Beaumont a pris les devans : en 1835, elle a élevé un monument à la mémoire de son immortel compatriote : deux tables de marbre , incrustées dans le frontispice, portent, gravées en lettres d'or, l'une la dédicace, l'autre ce quatrain improvisé quelques années auparavant , par Chênedollé, l'auteur du *Génie de l'Homme* :

Sous un modeste toit ici naquit La Place ;
Lui qui sut de Newton agrandir le compas,
Et s'ouvrant un sillon dans les champs de l'espace.
Y fit encore un nouveau pas (1).

Aujourd'hui le concours de la ville de Caen, de l'Etat, des savans, des élèves et des admirateurs de La Place viennent de dresser sa statue au milieu de nos écoles comme pour faire revivre son image et son nom en traits ineffaçables dans la mémoire de nos jeunes gens.

(1) L'érection de ce monument a été due surtout aux soins de M. Follebarbe, encore aujourd'hui maire de Beaumont.

Mais le plus grand hommage qu'il était possible de lui rendre, et par quoi son âme est toujours vivante au milieu de nous, lui a été rendu il y a cinq ans. C'est lorsque, sur la proposition de M. Villemain, ministre de l'instruction publique et le rapport de l'illustre élève du grand astronome, M. Arago, la chambre des députés décida, en 1842, que les œuvres de La Place seraient réimprimées aux frais de l'Etat. Les éditions de ces trois grandes compositions dont La Place a doté la France et le monde, le *Traité de la mécanique céleste*, l'*exposition du système du monde*, la *théorie analytique des probabilités*, étaient partout épuisés : nos savans auraient été forcés de demander à New-York, à Philadelphie, la traduction anglaise de Boodwitch. Mais la famille de notre grand géomètre s'était fait un devoir pieux de combler ce vide en réimprimant la *Mécanique céleste :* Mme de La Place allait consacrer à cette œuvre la vente d'un petit domaine, et M. le marquis de La Place s'était depuis long-temps préparé à devenir l'éditeur des œuvres de son père. Mais « il est des gloires trop élevées, a dit M. Arago, trop splendides, pour qu'elles puissent rester dans le domaine des choses privées. » La grande famille française s'est substituée à la famille personnelle, dans cet acte de reconnaissance. Déjà, au jour où nous écrivons, quatre de sept volumes des œuvres de La Place sont aux mains du monde savant.

La France citera toujours avec orgueil le nom de La Place comme celui d'un des plus vastes génies qu'elle ait produits. Les merveilles du ciel, les hautes questions de la philosophie naturelle, les combinaisons ingénieuses et profondes de l'analyse mathématiques, toutes les lois de l'univers ont été présentes à sa pensée pendant plus de soixante ans: La Place a couronné le système de Newton par d'immortelles découvertes : il eût achevé la science du ciel, si cette science pouvait être achevée.

D'autres grands hommes furent solitaires dans leurs méditations comme dans leur gloire : celui-ci se plut à répandre autour de lui la lumière, à la faire jaillir du concours des esprits dont il s'entourait et qu'il enflammait de son activité. Son suffrage n'a manqué a aucune découverte ; à personne le secours de ses conseils et de son génie. Le nom de La Place sera rangé parmi ceux des bienfaiteurs de l'humanité (1).                    L. Puiseux.

———————

Les biographies de Malherbe et de La Place forment la première partie de cette publication. La seconde contenant des notices sur Varignon, Rouelle, Vauquelin, Descotils, Fresnel et Dumont-d'Urville paraîtra avant le 15 août.

———————

(1) Nous n'offrons ici que la vie de La Place : l'examen de ses ouvrages était complètement au-dessus de notre compétence. Nous ne croyons mieux faire que de renvoyer le lecteur à la Notice si claire et si élégante de M. Arago, que nous avons déjà citée.

# VARIGNON.

# VARIGNON.

---

Varignon est un de ces noms modestes qui, faute d'avoir été produits sur la scène de la vie réelle, de s'être mêlés à quelque révolution politique ou à quelque grande application industrielle, ne sont point destinés aux honneurs de la popularité. Mais dans le cercle moins nombreux des savans, où les théories sont estimées non seulement par ce que les successeurs en ont fait sortir, mais pour leur valeur intrinsèque, la mémoire de Varignon s'est conservée comme celle de l'un de nos plus puissans théoriciens, de l'un de ceux qui ont fait faire les pas les plus rapides à la statique, à la mécanique, à l'analyse mathématique.

Pierre Varignon, naquit à Caen en 1654 (1). Son père était un architecte d'une fortune assez médiocre. Ses deux frères suivirent la profession paternelle : quant à lui, l'intelligence précoce et la réflexion singulière qu'il révélait jusques dans ses jeux le firent destiner à l'état ecclésiastique : il s'amusait tout enfant à tracer des cadrans solaires, comme il en voyait faire à son père. Soup-

---

(1) La maison du père de Varignon était dans la rue Villaine, à Caen ; elle a disparu complètement aujourd'hui.

çonnant qu'il devait y avoir une loi abstraite et générale sous cette pratique grossière, et en ayant demandé vainement l'explication, il médita longtemps et avec une sorte d'inquiétude d'esprit sur ce quelque chose qu'il ne pouvait atteindre. C'est ainsi qu'il aspirait à son insçu vers la connaissance des hautes vérités mathématiques : un Dieu inconnu l'appelait à lui. Enfin un jour, pendant qu'il était en philosophie au collège des Jésuites de Caen (1), furetant dans la boutique d'un libraire, il tomba sur les Elémens d'Euclide. Il en lut les premières pages et fut charmé soudain par l'ordre et l'enchaînement des idées et par la facilité qu'il se sentit à y entrer. Il emporta Euclide chez lui, et disant adieu aux subtilités de la scholastique, il s'adonna tout entier à la poursuite des vérités géométriques.

Le XVIIIe siècle a été une époque féconde d'enfantement pour les sciences spéculatives : les mathématiques surtout y prirent un essor si élevé, que quelque soit la perfection qui leur soit jamais réservée, une partie de leur gloire appartiendra toujours au siècle qui a ouvert si magnifiquement la carrière, qui a donné Descartes, Huyghens, Leibnitz, Duhamel, les deux Bernouilli, Varignon; qui vit mourir Kepler (2) et grandir Newton (3).

La merveilleuse application que Descartes avait faite de l'algèbre à la géométrie, avait éclairé le champ de la science d'une lumière nouvelle. Varignon lut les ouvrages du grand philosophe, comme il avait lu celui d'Euclide, c'est-à-dire avec enthousias-

---

(1) L'ancien collége des Jésuites est occupé aujourd'hui par les bureaux de la préfecture.

(2) Mort en 1730.

(3) Né en 1742 ; son premier ouvrage est de 1687.

me, et sa passion pour les mathématiques ne fit que s'accroître. Il prenait sur les dépenses les plus nécessaires de quoi acheter des livres de cette espèce : il fallait même qu'il ne les étudiât qu'en secret. Car ses parens qui voyaient bien que ce n'étaient pas là les livres dont les autres écoliers faisaient usage, s'inquiétaient de ce goût exclusif qui pouvait détourner le jeune homme de la carrière qu'on lui avait choisie.

Cependant après avoir terminé ses études de collège, il passa en théologie. Doué d'une grande rectitude d'esprit et d'une remarquable netteté de raisonnement, favorisé d'ailleurs par une forte constitution physique, une excellente poitrine et une voix éclatante, il allait souvent disputer à des thèses dans les argumentations publiques et y avait acquis le renom d'un redoutable athlète.

C'est à ce collège des Jésuites que Varignon fit la connaissance de l'abbé de St-Pierre (1). « Un goût commun pour les choses de raisonnement, soit physiques, soit métaphysiques, et des disputes continuelles furent le lien de leur amitié. Ils avoient besoin l'un de l'autre pour approfondir et pour s'assurer que tout étoit vu dans un sujet. Leurs caractères différens faisoient un assortiment complet et heureux, l'un par une certaine vigueur d'idées, par une vivacité féconde, par une fougue de raison; l'autre par une analyse subtile, par une précision scrupuleuse, par une sage et ingénieuse lenteur à discuter tout. » (2)

Cette amitié de collège devait se conserver pure et inaltérable

---

(1) Charles-Irénée Castel de St-Pierre, né au château de St-Pierre-Eglise 1658. Son père était bailli du Cotentin et gouverneur de Valognes.

(2) Eloge de Varignon, par Fontenelle.

toute la vie. L'abbé de Saint-Pierre, pour jouir exclusivement de la société de son ami, voulut le loger chez lui ; bientôt frappé de plus en plus de son mérite, et afin de lui faire un état de fortune qui lui permit de suivre pleinement ses talens et son génie, l'abbé, cadet de Normandie et n'ayant que 1,800 livres de revenu, en détacha 300 qu'il donna par contrat à Varignon. « Je ne vous donne pas, lui dit-il, une pension, mais un contrat, afin que vous ne soyez pas dans ma dépendance, et que vous puissiez me quitter pour aller vivre ailleurs quand vous commencerez à vous ennuyer avec moi. »

C'est ainsi que l'abbé Varignon arriva à l'âge de 32 ans, libre de toute distraction et mûrissant son esprit dans l'étude et le travail intérieur. Déjà il s'était élevé aux plus hautes conceptions de la science et nul doute qu'à cette époque, il ne possédât déjà une partie des découvertes qui l'ont rendu célèbre. Mais avant de produire ses fruits au dehors, cette belle intelligence avait besoin de s'échauffer au contact de Paris.

C'est en 1686 que les deux amis, persuadés, dit Fontenelle, qu'il n'y avait point de meilleur séjour que cette ville pour des philosophes raisonnables, vinrent s'y établir dans une petite maison du faubourg Saint-Jacques. Là, ils continuèrent à se livrer avec plus d'ardeur à la culture des sciences ; l'abbé de St-Pierre tournant particulièrement ses réflexions sur l'homme, sur les mœurs, et les principes du gouvernement, rêvant déjà, sans doute, à son projet de paix perpétuelle, à sa réforme de l'orthographe des langues de l'Europe, ces *rêves d'un homme de bien*; (1)

_____

(1) Ce généreux abbé qui a été l'un des plus ardens apôtres de l'humanité, avait pris pour devise « donner et pardonner », et on lui entendait

Varignon, de son côté, se plongeant de plus en plus profondément dans les mathématiques.

Ce dernier, dont la santé était excellente, passait ses journées entières et une partie de ses nuits au travail, et même il lui arriva plus d'une fois, entendant l'horloge voisine sonner deux heures du matin, de se dire, avec une sorte de joie intime, que ce n'était pas la peine de se coucher pour se relever à quatre heures. Tel était son heureux tempérament qu'il sortait de cette application excessive sans tristesse ni lassitude, mais plutôt gai, vif et impatient de poursuivre encore les plaisirs de l'étude. « Il rioit volontiers en parlant de la géométrie ; et à le voir, on eût cru qu'il la falloit étudier pour se bien divertir (Fontenelle). »

Les deux amis cependant n'étaient pas tout-à-fait seuls dans leur Thébaïde. Fontenelle, leur compatriote, le neveu du grand Corneille, le futur secrétaire perpétuel de l'Académie française, et qui mettait alors la dernière main à ses *Entretiens sur la pluralité des Mondes* (1), Fontenelle, et avec lui un autre Normand, membre distingué,

---

répéter souvent que « le paradis est aux bienfaisans. » Le bien public, tel fut le but unique et suprême où tendirent toutes ses actions et ses nombreux écrits qu'il distribuait gratuitement. C'est à lui qu'on dut la première idée en France, de la taille proportionnelle substituée à la taille arbitraire sous laquelle gémissait le pauvre peuple. Il continua d'habiter avec Varignon jusqu'en 1697, époque où tous deux étaient déjà devenus célèbres ; car lui-même entra à l'Académie Française en 1695. Il le quitta alors pour aller habiter la Cour à Versailles, où il devint, en 1702, aumônier de la duchesse d'Orléans. Il s'attacha ensuite à l'abbé, puis cardinal de Polignac, avec lequel il prit part à la négociation du traité d'Utrecht (1702). Un jugement, qui parut trop sévère, sur le règne de Louis XIV, le fit exclure de l'Académie en 1718. Il n'en continua que plus ardemment sa mission de défenseur de l'humanité et la poursuite de ses utopies.

(1) La première édition est de 1686. Fontenelle avait alors 29 ans.

plus tard, de l'Académie des inscriptions et belles-lettres, l'abbé Vertot(1), allaient de temps en temps voir les deux ermites et passer même deux ou trois jours avec eux Jeunes et remplis encore de la première ardeur de savoir, tous quatre mettaient en commun leurs pensées, leurs doutes, leurs inspirations, faisaient comparaître devant leur tribunal le monde entier des lettres et des sciences, abordaient toutes les questions et agitaient des sujets qui devaient sortir de la modeste enceinte de la petite société pour être débattus plus tard, sur des théâtres plus élevés.

Varignon, malgré son assiduité au travail et les charmes intérieurs de cette petite académie, n'avait pas laissé que de faire quelques connaissances au-dehors; il avait lié commerce avec plusieurs savans, et des plus illustres de ce siècle, tels que le prêtre de l'Oratoire, Du Hamel, géomètre profond; l'auteur des célèbres tables astronomiques, De La Hire; et l'éloquent professeur d'anatomie, Du Verney. Ce dernier surtout avait de longs entretiens avec Varignon sur les rapports de la mécanique et de l'anatomie : ils examinaient ensemble la position des muscles, leurs points d'appuis leurs directions; Du Verney apprenait beaucoup d'anatomie à Varignon, qui l'en payait par des raisonnemens mathématiques appliqués à l'anatomie,

Varignon, déjà remarqué d'une manière toute particulière par les savans, acheva de se faire connaître en 1687. Il mit au jour le fruit de ses longues méditations et de ses veilles, en publiant son *Projet d'une nouvelle mécanique;* ouvrage vraiment neuf en effet. Avant qu'il parût, les connaissances des géomètres en statique se réduisaient à peu près au principe du levier, tel qu'Archimède en avait donné la dé-

(1) Vertot était né au Pays de Caux, 1655 ; Fontenelle, à Rouen, 1657.

monstration, et ils cherchaient à y ramener de gré ou de force la plupart des autres machines. Leurs méthodes prouvaient bien la nécessité de l'équilibre dans les cas où il a lieu, mais ne démontraient nullement la manière dont il s'établit. « Varignon chercha l'équilibre dans sa source, ou pour mieux dire dans sa génération et il atteignit son but en s'appuyant sur le principe de la composition du mouvement, connu depuis long-temps il est vrai, mais qu'il eut l'heureuse idée d'étendre à l'équilibre... Il parvint ainsi à l'un des principes les plus féconds de la mécanique rationnelle, celui du parallélogramme des forces. » (1).

La nouvelle mécanique fut reçue de tous les géomètres avec d'unanimes applaudissemens et valut à son auteur des honneurs considérables : l'année suivante (1688), l'Académie des sciences l'appela dans son sein, et il fut nommé professeur de mathématiques au collége Mazarin. On voulait, dit Fontenelle, donner du relief à cette chaire qui n'avait point encore été remplie, et Varignon fut choisi. Bientôt les Académies des sciences de Londres et de Berlin s'empressèrent de se l'associer. Depuis ce moment notre géomètre, tout en remplissant avec une conscience scrupuleuse et un zèle universellement admiré, les devoirs de ses nouvelles fonctions, sembla s'enfoncer dans l'étude avec une opiniâtreté croissante. En 1790 il fit paraître ses *conjectures sur la pesanteur*, ouvrage ingénieux où il n'avait plus qu'un pas à faire pour arriver à la grande loi que Newton, de l'autre côté du détroit, allait révéler au monde : mais un pas, dans les œuvres du génie, c'est un abîme à franchir.

Pendant plus de vingt ans, et dans plus de cinquante écrits di-

---

(1) *Notice* sur les œuvres de Varignon, par M. Shmidt, dans les mémoires de l'Académie royale des sciences, arts et belles lettres de Caen ; an. 1840.

vers, la plupart imprimés dans les recueils de l'Académie, Varignon poursuivit le développement des principes qu'il avait posés dans son premier ouvrage, en même temps qu'il appliquait à toutes les grandes découvertes contemporaines, de puissantes méthodes de calculs qui lui étaient propres ou auxquelles il avait ajouté des clartés nouvelles. Ces travaux ne sont pas de simples théorêmes, ou des solutions de quelques problêmes particuliers, mais de grandes théories sur les lois du mouvement, sur les forces centrales, sur la résistance des milieux au mouvement, etc.;

Varignon n'a pas enfanté de ces vérités nouvelles qui illuminent soudainement le monde à leur naissance : mais sa gloire est d'avoir donné aux découvertes des autres un caractère de généralité et une lumière plus grande qui en ont doublé puissance. Ainsi fit-il en 1700 pour la théorie des forces centrales, soupçonnée par Huyghens et par lui-même, et trouvée par Newton. Ainsi avait-il fait pour cette géométrie infinitésimale dont les mathématiques étaient depuis peu redevables au génie de Leibnitz, et que Varignon plus que tout autre, on peut le dire, contribua à répandre, en montrant tout le parti qu'on en peut tirer pour la solution des hautes questions de l'analyse.

C'est dans ces travaux et dans les fonctions de l'enseignement que s'écoulèrent, avec une uniformité désespérante pour le biographe, les anuées de Varignon. Ses évènemens, ses révolutions à lui, c'était lorsqu'une théorie nouvelle apparaissait sur l'horizon de la science, lorsque malgré son amour extrême pour la paix, il se trouvait engagé dans quelque polémique scientifique : ce qui lui arriva deux fois, une première avec le célèbre géomètre anglais, Wallis, et une seconde avec un religieux italien, habile géomètre, et qui l'avait attaqué assez rudement : mais telle était la douceur de son caractère et ses inclinations pacifiques, qu'il s'obstina toujours à ne point nommer son adversaire, et ne le désignait que sous le nom de *l'agresseur.*

Ce que Varignon déplorait le plus amèrement, c'était la briéveté du temps accordé à l'homme. Une infinité de visites qu'il recevait de savans français et étrangers, qui venaient le voir et le consulter, la multitude des ouvrages qu'on lui donnait à examiner, tâche dont il s'acquittait avec une conscience non pareille, le grand commerce de lettres qu'il entretenait avec les principaux savans de l'Europe, ses cours au collége Mazarin et au collége Royal, que plus d'un illustre auditeur, et entr'autres, le fameux czar de de Russie, Pierre-le-Grand (1), vinrent écouter avec respect, les leçons particulières qu'il ne savait point refuser à ses meilleurs élèves, toutes ces occupations morcelaient son temps et l'arrachaient, à toute heure, à ses fécondes méditations. Aussi soupirait-il vivement après deux ou trois mois de vacances qu'il avait dans l'année; et alors il fuyait à quelque campagne où les journées entières étaient bien à lui et s'écoulaient bien vîte.

L'excès du travail épuisa à la longue cette constitution que nous avons vue si vigoureuse. En 1705, il fut atteint d'une grave maladie qui mit ses jours en danger : dans ses accès de fièvre, il se croyait au milieu d'une forêt où il voyait toutes les feuilles des arbres couvertes de calculs algébriques. Condamné par les médecins et ses amis au repos d'esprit le plus absolu, il fourrait un livre de mathématiques sous son chevet, le lisait avidement dès qu'il était séul, et le cachait aussitôt s'il entendait venir quelqu'un, re-

---

(1) En 1716.

prenant la contenance d'un malade : il n'avait pas besoin pour cela de jouer beaucoup, dit Fontenelle.

Sa santé ne se rétablit jamais de cette atteinte, rien n'ayant
pu, même dans les dernières années de sa vie où il fut fortement
incommodé d'un rhumatisme fixé sur la poitrine, le décider à se
relâcher, en quoi que ce fût, de ses occupations ordinaires. Le
22 décembre 1722, il alla faire sa classe au collège Mazarin : ses
élèves n'apperçurent aucun affaiblissement dans ses facultés ; la
nuit suivante, il était mort. Il avait soixante-huit ans.

Le portrait que Fontenelle nous a laissé de Varignon est celui d'un
savant modeste, autant qu'illustre, et d'un homme de bien par ex-
cellence : « Son caractère étoit aussi simple que sa supériorité
d'esprit pouvoit le demander. . Il ne connaissoit point la jalou-
sie : il est vrai qu'il étoit à la tête des géomètres de France et
qu'on ne pouvoit compter les grands géomètres de l'Europe, sans
le mettre du nombre.... Il faut convenir cependant que quand
on lui présentoit quelqu'idée qui lui étoit nouvelle, il couroit quelquefois un peu trop vite à l'objection et à la difficulté ; le feu de
son esprit, des vues dont il étoit plein sur chaque matière, ve-
noient traverser trop impétueusement celles qu'on lui offroit ;
mais on parvenoit assez facilement à obtenir de lui une attention
plus tranquille et plus favorable. Il mettoit dans la dispute une
chaleur que l'on n'eut jamais cru qu'il eût du terminer par rire.
Ses manières d'agir nettes, franches, loyales en toute occasion,
exemptes de tout soupçon d'intérêt indirect et caché, auroient
seules suffi pour justifier la province dont il étoit, des reproches
qu'elle a d'ordinaire à essuyer : il n'en conservoit qu'une extrême crainte de se commettre, qu'une grande circonspection à trai-
ter avec les hommes.... Je n'ai jamais vu personne qui eût plus
de conscience ; je veux dire qui fût plus appliqué à satisfaire

exactement au sentiment intérieur de ses devoirs et qui se contentât moins d'avoir satisfait aux apparences. Il possédoit la vertu de la reconnaissance au plus haut degré; il faisoit le récit d'un bienfait reçu avec plus de plaisir que le bienfaiteur le plus vain n'en eût eu à le faire ; il ne se croyoit jamais acquitté par toutes ces compensations, dont on s'établit soi-même pour juge. Il étoit prêtre, et n'avoit pas besoin de beaucoup d'efforts pour vivre conformément à cet état. Aussi sa mort subite n'a-t-elle point allarmé ses amis. »

Tel était l'homme, tel un contemporain a pu sans crainte le peindre à des contemporains, à des amis. Un mot encore sur le mathématicien. Ce qui caractérise Varignon, ce qui a fait son illustration et l'a placé au premier rang parmi les ancêtres des mathématiques en France, c'est un esprit de généralité qui le portait sans cesse à remonter jusqu'à la source des vérités, pour en saisir l'ensemble d'un seul coup-d'œil. Il n'est peut être pas de géomètres qui ait mieux connu, qui ait mieux fait sentir le prix de ces formules algébriques qui embrassent dans leur universalité tous les cas particuliers d'une grande question. Champion, ou plutôt apôtre de la méthode infinitésimale, cette méthode à l'aide de laquelle l'esprit s'élève et plane sur une étendue sans limites, il la défendit devant l'Académie avec une ardeur infatigable et lui conquit le droit de cité dans la science. Disons encore ses tentatives ingénieuses et hardies, que le succès ne couronna pas, il est vrai, pour expliquer les inégalités des orbes planétaires : problème immense dont la solution était réservée à un autre Normand, plus illustre encore, à La Place.

Lorsque Varignon mourut, il achevait de mettre en ordre le grand ouvrage dont il avait publié le *Projet* quarante ans auparavant. Il le légua avec tous ses autres manuscrits à Fontenelle, et en 1725, Beaufort et l'abbé Camus en donnèrent une édition en deux volumes in-4°, sous le titre de *Nouvelle mécanique ou statique*. Trois autres ouvrages de Varignon ont été publiés après sa mort, l'un sur *l'analyse des infiniment petits*, un autre sur le *mouvement des eaux courantes et jaillissantes*. Le troisième est une traduction française des leçons professées en latin par Varignon au collége Mazarin, publiée, en 1732, par Cochet, l'un de ses élèves, sous le titre d'*Elémens de mathématiques*. Ce livre offre une clarté et une exactitude qui n'étaient pas communes alors dans les ouvrages des savans. Fontenelle avait promis de publier la correspondance de Varignon avec les plus illustres savans de l'Europe, et nul doute qu'un pareil livre n'eût été bien précieux pour l'histoire des sciences; mais Fontenelle n'a pas tenu parole.

Enfin comme témoignage des premières études de Varignon, on exhuma de ses papiers et on publia à Genève, en 1730, dans un *Recueil* de pièces fugitives sur l'Eucharistie, un opuscule théologique intitulé: *Démonstration de la possibilité de la présence réelle de J.-C. dans l'Eucharistie*.

Le dernier représentant du nom de Varignon est mort à Caen, il y a dix ans; jeune homme d'une rare érudition, et épuisé par les labeurs d'une étude volontaire. Arrière petit-neveu par alliance de l'illustre mathématicien, celui qui écrit ces pages est heureux de l'occasion qui lui a été offerte de joindre une offrande domestique à l'hommage public que Varignon vient de recevoir dans sa ville natale.

LÉON PUISEUX.

# ROUELLE.

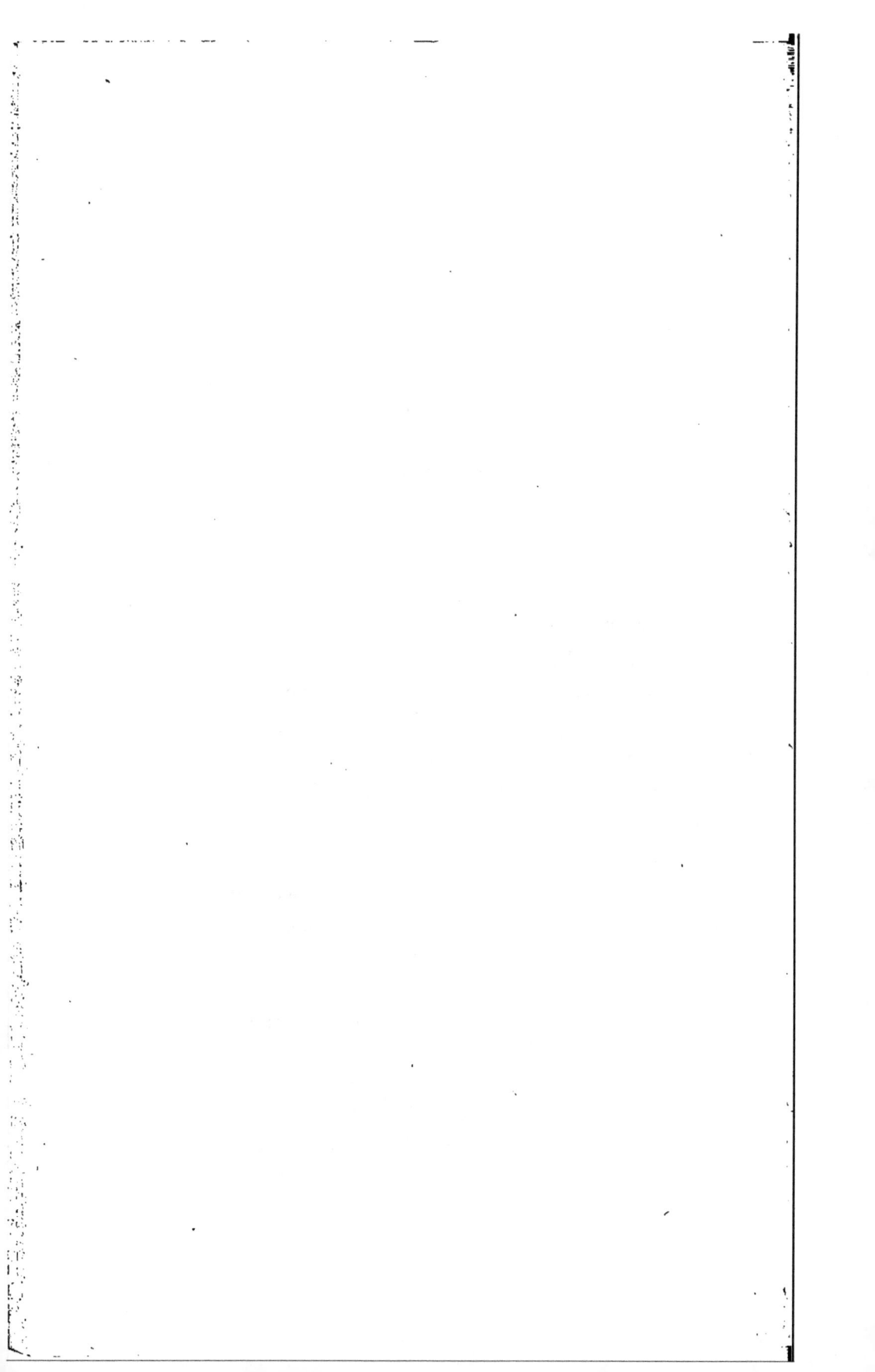

# ROUELLE

(François-Guillaume.)

Il était dans les destinées de Caen de produire dans les genres les plus opposés des hommes dont la gloire n'est pas tant dans leurs œuvres que dans le mouvement qu'ils ont imprimé à leur siècle. Rouelle fut à peu près pour la chimie ce que Malherbe avait été pour la poésie. Comme lui ses œuvres sont rares, comme la sienne, sa vie est un combat contre les adversaires qui l'entourent, comme lui, il tente le premier de faire pénétrer la lumière et l'ordre dans une science que les *souffleurs* du moyen-âge nous avaient livrée obscurcie par les arcanes de l'alchimie, et enveloppée d'une terminologie bizarre. Il naquit à Mathieu, en 1703, dans cette patrie de Jean Marot. Ses parens simples cultivateurs, avertis de ses dispositions l'envoyèrent à Caen, au collége du Bois. Ainsi que beaucoup de savans, Rouelle témoignait déjà pour les travaux littéraires un profond dédain, comme si les sciences elles-mêmes n'avaient pas besoin de la forme qui les divulgue, éternise leurs découvertes, comme si les spéculations de Newton et de Kepler avaient perdu de leur sublimité à nous être transmises dans

11

un magnifique langage. Au sortir du collége, il étudia la médecine à l'Université de la même ville, et bientôt attiré, comme
tous ceux qui se sentent de l'avenir, vers Paris, il s'y rend et entre dans une officine de pharmacien, où il passe sept années, sept années d'un travail opiniâtre, et qui lui valurent quelques illustres amitiés, entr'autres celles des frères de Jussieu. Au
sortir de cette officine, il obtint un privilége d'apothicaire, et établit lui-même une officine bientôt en réputation.

Alors commença sa vie de professeur. Il établit chez lui des
cours particuliers; ses leçons respiraient dans le fond et dans la
forme le plus vif enthousiasme; elles n'avaient pas la sécheresse
ordinaire aux expositions de ce genre : se passionnant pour la
science, s'indignant avec une énergie excessive contre ses adversaires, se vantant avec une orgueilleuse bonhomie de posséder
seul la vérité, accusant tous les savans de se faire ses pla-
giaires, et de s'attribuer ses découvertes, Rouelle réunit bientôt autour de lui de nombreux élèves, sa réputation alla en
grandissant, et bientôt il fut nommé, en 1742, démonstra-
teur de chimie au Jardin du Roi. Il porta sur ce théâtre
plus vaste, toutes les qualités qu'il déployait ailleurs; Grimm
dans sa correspondance nous a laissé de piquans détails sur
ce professeur, absorbé par ses rêveries, distrait par ses préoccupations, oubliant souvent ceux devant lesquels il parle, et conti-
nuant quand ils sont absens; sur ce savant ingénu qui se laisse
aller dans la conversation aux plus incroyables naïvetés, et dans
la société aux plus bizarres distractions; qui demandait au cardinal de Bernis disant qu'il n'entrait jamais dans une église sans
baisser la tête : « pourquoi les ânes et les canards baissent-ils la
tête en passant sous des arcades ? » et qui vingt fois manqua

dans ses expériences de perdre la vie, grâce à ses absences d'esprit. Toute la vie de Rouelle est dans son enseignement, toute sa gloire est dans ses élèves et dans l'impulsion féconde qu'il imprima à la science. Macquer, Darcet, Sage, Cadet s'honorèrent d'être ses disciples, et par Lavoisier qui étudia sous lui, il nous apparaît clairement comme l'ancêtre de cette glorieuse génération, qui allait à fin XVIII<sup>e</sup> siècle constituer la science de la chimie et lui assigner le rôle immense qui lui appartient.

Ses publications furent peu nombreuses, et sans doute sa gloire y a beaucoup perdu. Dans le feu de l'improvisation, devant son auditoire, il révélait souvent, sans le savoir, des découvertes récentes: attentivement recueillies, ses paroles allaient inspirer d'autres savans, qui se les appropriaient, et Rouelle en était réduit à crier au plagiat, habitude passée chez lui à l'état de monomanie. Une étude sur les *sels neutres*, un mémoire sur les embaumemens, une nouvelle dissertation sur les sels sont à peu près les seuls écrits qu'il ait publiés. Mais avoir le premier porté la lumière dans cette question ignorée des sels ; avoir ouvert la voie à la chimie végétale, et y avoir fait lui-même des pas immenses : s'être appliqué, d'après un plan arrêté, à organiser une science confuse, et à porter dans la chimie la méthode qui devait la produire à de si brillantes destinées, voilà des monumens suffisans pour sa renommée.

Sa vie, dévouée entièrement à son œuvre s'y consuma. En 1768, il fut obligé de renoncer à ses cours, et en 1770, après deux ans d'une existence douloureuse, le corps paralysé, mais l'âme encore ardente, il mourut âgé de 65 ans.                E. CHARLES.

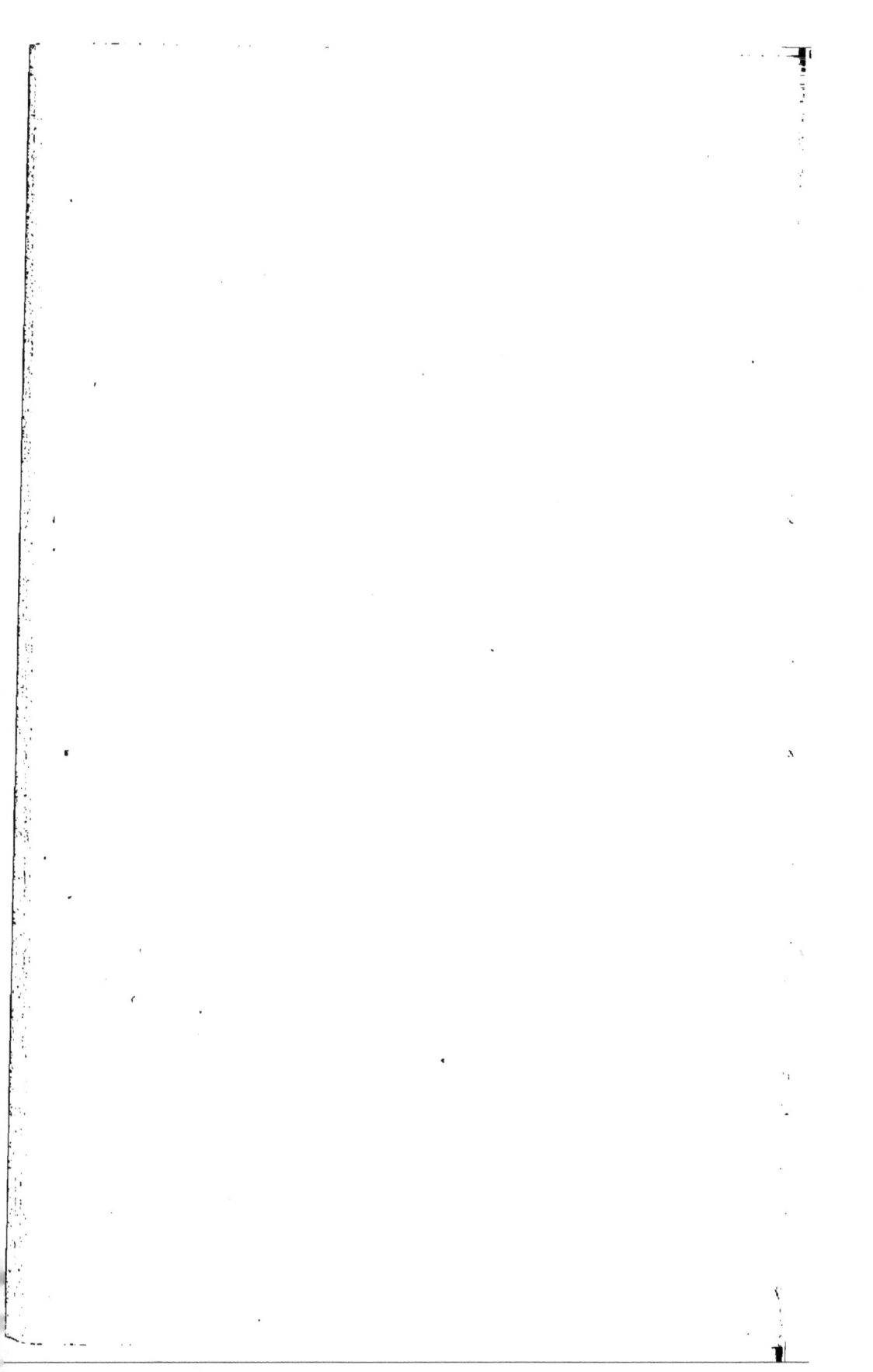

# VAUQUELIN.

# VAUQUELIN.

Vauquelin est un des plus admirables exemples de ce que peut la persévérance opiniâtre jointe au génie, pour élever un homme depuis les étages les plus humbles jusqu'aux degrés les plus élevés de la société. Louis-Nicolas Vauquelin, naquit le 16 mai 1763, dans une chaumière du village de Saint-André-d'Herbetot, à 4 lieues du bourg où La Place était né quatorze ans auparavant. Sa mère était si pauvre que la domesticité galonnée du château était l'avenir le plus brillant que la bonne femme rêvât pour son fils : la livrée des laquais, tel était l'objet d'émulation, le but enviable qu'elle proposait à l'enfant en l'envoyant à l'école.

A l'âge de 13 ou 14 ans, il quitta la maison paternelle pour aller chercher fortune à Rouen : il entra chez un pharmacien comme garçon de laboratoire. Vauquelin était là pour balayer, nettoyer, porter ; son maître ne l'avait pris pour autre chose et n'entendait pas l'élever au-dessus de ces vulgaires occupations. Cependant de jeunes apprentis venaient tous les jours recevoir des leçons de chimie du pharmacien dans le laboratoire. Le jeune campagnard se tenait caché dans un coin, écoutant avec émotion : il prenait, sur un petit cahier, des notes qu'il repassait ensuite avec une attention profonde, cherchant à refaire les démonstrations du maître. Celui-ci le surprit à ce travail et cet homme stupide qui demandait dans Vauquelin un manœuvre et non un élève, lui arracha le précieux cahier et le mit en pièces : Vauquelin pleura, et ce furent les larmes les plus amères qu'il ait versées dans sa vie. Il quitta aussitôt ce maître égoïste et brutal et s'achemina vers Paris, à pied, un petit paquet sur le dos et un écu de six livres dans la poche. Jeté au milieu de cette ville immense où il ne connaît personne, où la foule indifférente n'a pas un regard pour le pauvre petit provincial, sans ressources et trop fier pour mendier, il tombe malade et est porté à l'Hôtel-Dieu. Au bout de deux mois, il en sort, faible encore et amaigri ; il se traîne d'officine en officine offrant ses bras et ses services. Sa mine chétive ne prévient guère hélas ! en sa faveur ; partout il est repoussé.

Il était donc là le pauvre jeune homme, désespéré, dénué de tout, pleurant à chaudes larmes sur le pavé des rues. Un pharmacien nommé Chéradame (1), touché de sa position, le recueillit chez lui : plus charitable et plus intelligent aussi que ses confrères, il devina peut être les germes féconds qui se cachaient sous cette enveloppe rustique. Chez lui, Vauquelin put repren-

---

(1) Il était d'une famille normande, originaire de Séez. — J'ai raconté ces vicissitudes de la jeunesse de notre chimiste, sur la foi du grand Cuvier, dans son éloge de Vauquelin à l'Académie des Sciences. Mais quelques personnes de notre ville, qui ont vécu dans la familiarité de Vauquelin, contestent ces détails, où l'imagination aurait plus de part que la vérité : ainsi du cahier déchiré, ainsi de l'Hôtel-Dieu. Vauquelin serait au contraire arrivé chez M. Chéradame, avec une lettre de recommandation du pharmacien de Rouen.

dre ses études solitaires et chercher à percer le mystère des transformations qui s'opéraient sous ses yeux : il était chimiste avant
de savoir au juste ce que c'était que la chimie. Mais pour comprendre la nomenclature chimique, il faut savoir le latin ; il l'ap-
prendra : il arrache successivement les feuilles d'un vieux dic-
tionnaire et les apprend une à une, en courant, en faisant ses
commissions. En même temps, il suit les herborisations des élèves en pharmacie, il écoute avidement les leçons du laboratoire,
et parfois, tout modeste qu'il est, décèle des connaissances profondes et insoupçonnées. Tant d'application attira l'attention sé-
rieuse de M. Chéradame qui en parla à son parent le célèbre
Fourcroy, celui qui a partagé avec Lavoisier la gloire d'avoir fondé la chimie moderne.

Fourcroy interrogea le jeune homme, et frappé de ce qu'il y
avait de riche dans cette organisation, il voulut la cultiver lui-
même et fit de Vauquelin son élève : il ne se borna pas à lui
enseigner sa science ; il s'appliqua à orner son esprit, à combler
les vides nombreux que l'absence d'éducation première y avait
laissés. Bientôt Vauquelin ne fut plus un élève, mais un collaborateur et un ami ; douces et saintes amitiés dont nous avons déjà
vu de glorieux exemples dans la suite de cette galerie de portraits,
et dont la science était le lien pur et immatériel !

Dès lors, nous voyons ces deux destinées associées dans la
science et dans la carrière des honneurs, Vauquelin mettant avec
une admirable abnégation, ses méditations, ses recherches, ses
expériences au service du génie généralisateur de Fourcroy, et
celui-ci consacrant au bien-être et à l'élévation de son ami tout
ce que sa renommée et son crédit lui donnaient de puissance. C'est
ainsi qu'il fit admettre Vauquelin, très jeune encore, à l'Académie

des sciences. Plus tard, porté par les événemens politiques à de hautes positions dans l'Etat, membre de la Convention, conseiller d'Etat sous Napoléon et directeur de l'instruction publique(1), Fourcroy fit nommer successivement Vauquelin inspecteur des mines, professeur à l'école des mines et à l'école polytechnique, essayeur des matières d'or et d'argent : influence bien légitime d'ailleurs; car elle ne s'exerçait qu'en faveur du plus incontestable mérite.

Mais Vauquelin ne s'arrête pas là dans cette moisson d'emplois et d'honneurs que, chez nous, la science offre à ses disciples. L'élection l'appelle à l'Institut, à la chaire de chimie du collége de France; il fait partie du conseil des arts et du commerce, de la commission chargée de préparer la loi sur la pharmacie; enfin nous le voyons devenir collègue de Fourcroy lui-même au Muséum d'histoire naturelle, puis son successeur à l'école de médecine.

La reconnaissance de Vauquelin fut sans réserve. Il n'était recherche si longue et si difficile qui le rebutât, dès qu'elle lui était demandée par Fourcroy : cet homme si aimable, si serviable pour tous, combien ne devait-il point l'être envers son ancien maître, son protecteur? Lorsque celui-ci fut mort en 1809, disgracié par l'empereur, Vauquelin recueillit chez lui ses deux sœurs pauvres, âgées et infirmes, et veilla sur elles avec la même sollicitude filiale que sur sa propre mère.

Associé à tous les travaux de Fourcroy, il avait aussi par les siens propres acquis une haute valeur scientifique et un grand renom. Mais d'une modestie et d'une simplicité égale à son mérite, il semblait s'ignorer lui-même, et un jour, il fut bien embar-

---

(1) Dans ces dernières fonctions, Fourcroy rendit d'immenses services au pays; il organisa les écoles de médecine de Paris, de Montpellier et de Strasbourg, 12 écoles de droit, 30 lycées et plus de 300 colléges communaux.

rassé lorsque le premier consul, dans une réception de savans, le prit par le bras et le fit asseoir à table à sa droite. Il y avait de la finesse néanmoins sous cette bonhommie. On raconte qu'un jour le premier consul trouva, en se mettant à table, sous sa serviette, une lettre à son adresse. Ouverte et retournée dans tous les sens, la lettre ne se trouva être qu'un simple papier blanc : grande rumeur parmi les familiers du château ; les tentatives contre la vie du nouveau César étaient fréquentes alors ; cette lettre pouvait être imprégnée d'un poison mortel. On fait appeler le chimiste Vauquelin. Il demande quel est le quantième du mois ; c'était un jour de germinal ou floréal, correspondant au 1er avril. Eh ! mon Dieu, dit-il, votre conspiration est un poisson d'avril !

La vie de Vauquelin, si tourmentée à son début, s'écoula pendant cinquante ans simple et sans agitation. Personne ne resta plus étranger aux affaires de ce monde : il traversa les grandes commotions de la république , de l'empire et de la restauration, sans en ressentir les secousses ; son univers à lui, c'était son laboratoire. Il était arrivé presqu'à son insu d'un état voisin de l'indigence à une fortune considérable : d'autres avaient veillé sur lui, l'avaient poussé aux emplois ; et les traitemens de ses places s'ajoutaient les uns aux autres, tandis que lui-même ne connaissait aucun besoin personnel. Devenu riche, considéré, célèbre, il ne changea rien à ses habitudes de jeunesse. Chaque année, il retournait à son village où il possédait maintenant de grandes propriétés. Il n'en était pas plus fier : il renouvelait amitié avec les laboureurs qui avaient été les compagnons de ses jeux, causait familièrement avec eux de leurs travaux, de leurs détails domestiques, et plus d'une fois on le vit descendre de son cabriolet pour aider un charretier à tirer sa voiture d'un mauvais pas. Mais il y avait une personne qui ramenait surtout ses affections vers le pays natal et qu'il revoyait avec un bonheur infini, avec une joie d'enfant : c'était sa bonne vieille mère, qu'il retrouvait filant comme au temps où elle n'avait pour s'abriter qu'une pauvre chaumière. Il la soutenait sur son bras avec une volupté toute filiale, il la promenait partout avec lui, et il n'était maison si élevée où il ne semblât fier de la présenter.

Cette vie simple et tranquille ne connut qu'une grande douleur, mais elle fut terrible. Vauquelin avait succédé à son maître Fourcroy, à l'école de médecine, et il avait dû sa chaire non à ces luttes haletantes du concours, où le plus fort laisse toujours quelque lambeau de lui-même sur l'arène, mais à l'hommage spontané de tous les candidats qui renoncèrent unanimement à concourir avec lui. Entre tous les honneurs dont Vauquelin avait été décoré celui-là lui était le plus cher. Mais en 1824, dans un de ces maladroits accès de défiance dont la restauration enveloppa parfois les corps savans, et toujours le corps enseignant, le pouvoir enleva à Vauquelin, à cet homme aussi inoffensif qu'éclairé, sa chaire à l'école de médecine. Il fut noblement vengé par l'estime de ses concitoyens, et les habitans du Calvados protestèrent énergiquement contre l'offense, en envoyant Vauquelin à la chambre des députés. Mais rien ne put le consoler d'avoir été chassé, comme il disait, de la chaire de son maître ; une tristesse mortelle s'empara de lui ; sa santé déclina dès lors rapidement et le 15 octobre 1829, il mourut à Saint-André, chez M. Duhamel, propriétaire du château d'Hébertot.

« Vauquelin, a dit le célèbre Cuvier (1), était tout chimiste,

_____

(1) *Éloge* de Vauquelin, par le baron Cuvier. Nous lui avons emprunté beaucoup. Mais nous signalerons dans la Biographie universelle et la Biographie des contemporains, ainsi que dans les ouvrages du même genre qui les copient d'ordinaire, une lacune inexplicable. On n'y trouve pas même le nom de Vauquelin.

chimiste chaque jour de sa vie et pendant la durée de chaque jour. » Sa gloire n'a point été de coordonner la chimie et, par la puissance de la généralisation, d'en faire une science complète ; il a laissé cette tâche à d'autres ; mais ce qui méritera à Vauquelin une reconnaissance impérissable, ce sont les inombrables expériences dont il a enrichi les archives de la chimie, les matériaux abondans et précieux que, plus que tout autre, il a apportés à l'édifice que des mains plus jeunes, et plus heureuses d'être venues les dernières, se sont chargées d'élever.

Nous avons vu Vauquelin associé d'abord aux travaux de Fourcroy, et l'on peut dire que si l'un était la tête, l'autre était le bras, mais le bras intelligent et nécessaire. C'est ainsi qu'ils firent ces belles expériences sur la composition de l'eau par la combustion de l'hydrogène, sur les combinaisons de l'acide sulfurique, etc., ces immenses travaux sur l'urée, l'analyse des os et d'une foule de substances des trois règnes ; toutes ces nombreuses expériences enfin par lesquelles, à la fin du dernier siècle, ils posèrent les bases de la nouvelle théorie chimique. Ces travaux sont consignés dans des écrits au nombre de plus de soixante. Mais ceux même qui ne portent que le nom de Vauquelin sont plus que suffisans pour une renommée : dès 1791, il en paraît dans les annales de chimie et depuis cette époque, il n'est point de recueil scientifique publié à Paris, qui n'en contienne plusieurs chaque année.

Ce qui a rendu Vauquelin populaire entre tous les savans, ce sont les perfectionnements qu'il apporta dans les procédés chimiques appliqués aux arts et à l'industrie. On ne pouvait lui faire de plus grand plaisir que de lui demander en ce genre quelque nouveau travail : aussi le nom de M. Vauquelin était-il prononcé avec respect et reconnaissance par les manufacturiers de Paris et souvent par de simples ouvriers.

Vauquelin a répandu sur les combinaisons des corps organiques et inorganiques les lumières les plus abondantes et les plus inattendues : telles sont, pour la chimie animale, ses curieuses analyses de l'œuf, des cheveux, du chyle, de la substance mystérieuse dont se compose le cerveau, la moëlle épinière et les nerfs; ses recherches sur la respiration des insectes. La chimie végétale lui est plus redevable encore. Les sèves, les sucs des arbres, les remèdes que la pharmacie tire des plantes, les farines, fécules, etc., ont été soumis à son analyse, et ses expériences sont des modèles de patience et de sagacité.

Mais c'est surtout dans le domaine de la minéralogie que Vauquelin a fourni à la science les résultats les plus précieux. Il fut le collaborateur du célèbre Haüy, comme il l'avait été de Fourcroy, et ce sont ses travaux qui ont le plus victorieusement démontré l'harmonie de la cristallisation avec la composition. Il serait trop long d'énumérer les découvertes que lui dut cette branche capitale de la chimie; citons seulement celle qui entre toutes fut la plus brillante. C'est Vauquelin qui découvrit le métal, à qui les belles couleurs qu'il prend dans les différens degrés d'oxigénation, firent donner le nom de *chrôme*, et dont les merveilleuses propriétés décrites par l'abbé Delille lui ont inspiré ces deux vers:

> Notre siècle en est fier et, par un juste hommage,
> Un jour de Vauquelin y gravera l'image.

> (*Les Trois Règnes.*)

LÉON PUISEUX.

# DESCOTILS.

# DESCOTILS.

La vie modeste et utile, mais trop courte, de Victor COLLET-DES-COSTILS, s'écoula au sein d'un calme honorable, et loin de ce retentissement agité qui enveloppe parfois les grands noms. Né à Caen le 21 novembre 1773, il atteignait cet âge, où l'homme commence seulement à sortir de l'enfance, au moment que grondait la plus furieuse tempête politique qui ait jamais ébranlé une monarchie. Au milieu de cette effroyable confusion, parmi ce torrent d'idées nouvelles, qui entraînait à son courant tout le passé vers un avenir inconnu, Descostils, prémuni par de fortes études scientifiques, ne fut point ému. Son esprit sage et positif avait pendant une studieuse enfance puisé aux déductions de la science un antidote puissant contre les faciles enthousiasmes. — Jeté à Paris à 17 ans, à l'âge des généreux emportemens, il cloîtra sa vie dans l'étude, et se livra tout entier aux sciences chimiques où le portaient les goûts de son esprit. Un autre normand illustre, tre fils de cette contrée qui compte tant de glorieux enfans, un savant qu'un bonheur commun rapproche aujourd'hui de son élève, Vauquelin alors professeur à l'Athénée, dirigea avec une bienveillante sollicitude les premiers pas du jeune homme. Des-

13

costils avec ce guide continua plus ardemment sa route : un seul
moment, il fut violemment arraché à ses études. Le grand orage
de 93 avait éclaté , et la révolution, avant de fonder son édifice ,
avait dû détruire les monumens vermoulus du passé. Les écoles
se fermèrent : « la république n'avait pas besoin de science , »
comme on répondit à Lavoisier avant de le conduire à l'échafaud ; Descostils fut forcé de s'engager comme novice dans la marine ; mais bientôt l'enseignement commença à se réorganiser : trois grandes écoles , gloires de notre siècle , l'école Normale , l'écolePolytechnique et l'école des Mines s'ouvrirent , et la
dernière reçut, parmi ses élèves, Descostils, qui déchira son bre-
vet d'aspirant récemment obtenu (1).

En ce temps grandissait , dans l'ombre d'abord , et bientôt au
sein de la lumière, un nom qui devait emplir tout une époque,
Bonaparte. Les yeux des directeurs de la république ne pouvaient
supporter de près cette gloire étincelante, et l'expédition d'Egypte
fut résolue. Ici commence la carrière active de Descostils : associé à Monge et Berthollet, qui appréciaient ses talens , le jeune
homme prit part à cette fabuleuse expédition , qui nous semble
déjà quelque lointaine légende des anciens temps ; — il partagea
tous les travaux de ses collègues , et explora surtout les richesses
industrielles et scientifiques de cette riche contrée. Il fut le digne
collaborateur de Monge, et son titre le plus évident à la renommée sera sans doute la part qu'il prit à cette entreprise et à la
magnifique publication qui en sera le témoignage impérissable.

Tel est le fait saillant de cette existence régulière. En

---

(1) Ce fut le savant Brogniart qui, élève des mines lui-même , et alors
en tournée à Cherbourg, ramena Descotils à Paris.

1809, il fut nommé ingénieur en chef et chargé d'aller en Italie, administrer les mines d'alun de la Tolfa. En 1815, il fut promu au titre de directeur de l'école des Mines, dont il avait été un des premiers élèves. Son zèle s'était enflammé à cette nouvelle distinction, quand la mort, le 6 décembre 1815, vint l'arrêter au milieu de sa carrière, alors que son esprit mûri pouvait donner tous ses fruits.

Ses travaux sont tous du domaine de la science, bien connus et justement estimés des hommes spéciaux. Des études heureuses sur les minerais de fer, sur la chaux maigre, sur le platine; la découverte d'un nouveau corps simple plus tard nommé l'*Iridium;* différens mémoires sur des questions variées, insérés dans les recueils scientifiques du temps, et principalement dans les *Annales des Mines*, voilà les titres principaux de Descostils à la reconnaissance du pays et à l'hommage de ses concitoyens.

Il est juste de lui tenir compte d'une mort prématurée, et de mettre en regard de ce qu'il a fait, ce qu'il aurait pu faire, si une vie si bien employée s'était prolongée jusqu'au terme ordinaire.

# FRESNEL.

# FRESNEL.

AUGUSTIN-JEAN FRESNEL , l'un des plus célèbres physiciens de notre époque , l'inventeur des phares lenticulaires , naquit dans le département de l'Eure à Broglie, près de Bernay, le 10 mai 1788. Mais le village de Mathieu (1) , qui était la patrie de son père et le séjour de sa famille, et où il fut élevé depuis l'âge de quatre ans, la ville de Caen où il fit toutes ses études, peuvent, à bon droit, revendiquer une part de l'honneur qui s'attache à son nom. Forcé par les agitations de la révolution de renoncer à de grands travaux publics dont il s'était rendu adjudicataire, le père de Fresnel, s'était retiré dans une petite propriété qu'il avait à Mathieu et où il s'adonna entièrement à l'éducation de ses quatre fils qui tous devaient devenir des hommes supérieurs (2).

(1) Le petit village de Mathieu, à 6 kilomètres de Caen, est aussi la patrie du poète Jean Marot, père du célèbre Clément, et de notre chimiste Rouelle.

(2) Louis, Augustin, Léonor et Fulgence. Les trois aînés arrivèrent successivement à l'Ecole Polytechnique ; Louis , qui donnait les plus brillantes espérances, fut tué sous les murs de Jaca en Espagne, en 1807; Augus-

Augustin d'une complexion chétive, d'un caractère morose, d'une mémoire lente et infidèle, se montra d'abord rebelle à l'enseignement classique. Mais il est toujours quelque côté par où le génie, chez les enfans prédestinés, se laisse deviner avant d'éclater. Sous cette apparente stérilité, on pouvait apercevoir un esprit méditatif, un instinct de recherche et d'invention, une aptitude pour les sciences positives qui se révélait jusques dans les amusemens du jeune Augustin. Il avait donné à son petit jardin la figure du carré de l'hypothénuse ; il excellait dans la construction des arcs, et avait inventé des moules en pierre et des fourneaux pour la fabrication des médailles en terre cuite. Ses frères et ses camarades l'avaient surnommé *l'homme de génie.*

A l'âge de 13 ans, Augustin et son frère aîné allèrent continuer des études, très-bien commencées sous la discipline paternelle, à l'école centrale de Caen (1801). Là, sous les savantes leçons de deux maîtres, dont de nombreux élèves gardent encore aujourd'hui la mémoire vénérée, l'abbé de La Rivière, professeur de logique, et **M.** Quesnot, professeur de mathématiques, le génie particulier d'Augustin se développa si rapidement qu'à 16 ans (1804), il entrait à l'école polytechnique.

Sorti l'un des premiers de cette école, puis de celle des ponts-et-chaussées, Fresnel, nommé ingénieur, occupait le poste de

---

tin est celui qui nous occupe ; Léonor est aujourd'hui un de nos ingénieurs les plus distingués ; le quatrième, Fulgence, suivit la carrière des lettres et de la diplomatie : il est maintenant consul à Djedda, sur la Mer Rouge, et correspondant de l'Académie des Inscriptions-et-Belles-Lettres. J'emprunte ces détails et plusieurs autres à une *Notice* très-détaillée sur Fresnel, insérée par M. Marc, son parent et professeur divisionnaire au Collége royal de Caen, dans la *Revue de Caen*, septembre 1845.

Nyons, sur la rive septentrionale du lac de Genève, lorsqu'éclatèrent les événemens de 1814 et 1815. Il avait salué, ainsi que bien d'autres, l'avènement de la royauté constitutionnelle des Bourbons, comme le retour à une sage liberté ; et lorsque passa sur la France cet éclair brillant qu'on a appelé les Cent-Jours, Fresnel courut se mettre à la disposition du chef d'état-major de l'armée royaliste dans le midi, le général d'Aultane : mais il avait plus compté sur son zèle que sur ses forces. Malade, destitué, devenu odieux à la population de Nyons, toute dévouée à la gloire impériale, il se réfugia en Normandie sous le toît paternel. C'est là que, dans ses méditations solitaires, il conçut la première idée de sa belle théorie des ondulations de la lumière, victorieuse aujourd'hui de la théorie des émissions de Newton. Un de ses parens l'observait un jour, suivant avec une attention avide les divergences des rayons lumineux, quand tout-à-coup Fresnel, si froid, si peu expansif d'ordinaire, s'élance sur lui, l'embrasse, le serre dans ses bras ; une illumination soudaine venait de lui dévoiler la vérité, et derrière la vérité, la gloire peut-être ! Comme Archimède, il pouvait s'écrier : « Je l'ai trouvé ! (1) »

Mais à cette intelligence isolée, si puissante qu'elle fût, il fallait une place au foyer des lumières, un commerce journalier avec les princes de la science, le séjour de Paris enfin. Aussi, bien que réintégré dans ses fonctions d'ingénieur par la restauration, et envoyé dans le département d'Ille-et-Vilaine, Fresnel obtint-il des congés multipliés qui lui permirent de se produire sur le théâtre commun de presque toutes nos gloires nationales. En 1815, en 1817, il publia ses idées nouvelles sur la diffraction de

(1) *Notice* de M. Marc.

14

la lumière, et en 1819, le résultat de ses recherches fut solennellement couronné par l'Académie. A Paris, Fresnel avait trouvé un ami dévoué, c'était le célèbre astronome, M. Arago, qui à la gloire de ses propres travaux ajoutera celle d'avoir été le promoteur ou le défenseur de toutes les grandes découvertes de notre temps. Grâce à lui, Fresnel put enfin se fixer dans la capitale et se livrer tout entier à ses recherches sur la polarisation de la lumière, sur le principe des interférences, sur l'application de sa théorie à la construction des phares : ces recherches firent une véritable révolution dans la science et soulevèrent de vifs débats auxquels prirent part les plus grands noms d'alors, Poisson, Arago, Biot et La Place lui-même, qui n'accueillit qu'avec des doutes le système de son compatriote, comme ne se prêtant que très difficilement aux applications analytiques; « comme si la nature, disait Fresnel, eût pu être arrêtée par des difficultés de ce genre (1). »

Nonobstant le jugement sévère de La Place qui, d'ailleurs, fut bien loin de méconnaître, comme on l'a dit, l'importance des faits nouveaux révélés par Fresnel, celui-ci a trouvé des formules qui représentent, avec la plus grande exactitude, toutes les circonstances de la diffraction de la lumière ; et non seulement il a expliqué tous les phénomènes de lumière qui avaient donné lieu aux hypothèses les plus compliquées et les plus contradictoires, mais il a découvert dans cet ordre de faits des lois jusqu'alors inaperçues.

Les magnifiques travaux de Fresnel lui valurent, outre les di-

_____

(1) *Biographie des Contemporains.* L'article sur Fresnel et sur ses travaux y est traité avec beaucoup d'étendue, par une main anonyme, mais très-compétente.

vers honneurs qu'il recueillit en France et à l'étranger, un hommage bien rare, un de ces témoignages éclatans qui sont comme
un avant-goût de la postérité; il fut admis en 1823 à l'Académie
des sciences, à l'unanimité des suffrages.

Mais ce qui a popularisé le nom de Fresnel et lui a assuré à jamais la reconnaissance des navigateurs, c'est la révolution qu'il a
opérée dans le système d'éclairage des phares. Les réflecteurs mé-
talliques employés généralement jusqu'alors, présentaient des incon-
véniens de construction et des difficultés d'entretien qui rendaient
leur effet presque nul; ils ne se prêtaient point, en outre, à des
combinaisons assez variées pour que les phares d'une même côte
ne pussent être confondus par les navigateurs. Fresnel imagina
de substituer aux miroirs paraboliques en métal, des lentilles de
verre disposées de façon à réfracter horizontalement les rayons lumineux partant de leur foyer. De concert avec M. Arago, il fit
construire des lampes à 4, 3 et 2 mèches concentriques, pour les
phares de 1er, 2e et 3e ordre. L'éclat correspondant à l'axe d'une
lentille de 1er ordre fut trouvé équivalent à près de 4,000 becs ordinaires, et l'effet en fut reconnu triple de celui des plus grands réflecteurs connus jusqu'alors. La portée des nouveaux appareils, adaptés
aujourd'hui à la presque totalité de nos phares, excède de beaucoup la distance au delà de laquelle la rotondité de la terre ne
permet plus à un observateur placé sur le pont d'un navire d'a-
percevoir aucun des phares existans sur les côtes de France.

L'Angleterre, la Russie, la Toscane, toute l'Europe maritime
ne tardèrent pas à nous emprunter cette invention; partout des si-
gnaux bienfaisans allèrent, à des distances inconnues jusqu'alors,
porter aux navigateurs égarés la confiance et le salut : grâce aux
combinaisons ingénieuses et variées des nouveaux appareils, les

accidens de la côte se dessinèrent nettement dans l'obscurité des nuits, et les marins de toutes les nations apprirent à bénir le nom de Fresnel.

Chargé par le gouvernement d'aller sur divers points de nos côtes installer de nombreux phares d'après son système , nommé examinateur de physique et de géométrie descriptive à l'Ecole Polytechnique , poursuivant avec enthousiasme ses études sur la polarisation de la lumière , Fresnel acheva d'user , dans la dévorante activité de son âme, une organisation physique qui avait toujours été faible et chancelante. Une mort prématurée l'enleva le 14 juillet 1827 à la tendresse de sa mère, qu'il chérissait d'une piété sans borne , à la science, à qui il avait tant donné déjà, à qui il promettait plus encore : «Que de choses j'aurais encore à faire!» Ce fut un de ses derniers mots (1).

Huit jours avant sa mort, la société royale de Londres lui adressait la médaille d'or fondée par Rumford pour les plus belles découvertes sur la théorie de la lumière et de la chaleur.

Fresnel était froid et réservé ; il souriait rarement, et sur cette figure amaigrie, mais au front large et puissant, se peint la lutte de la pensée immatérielle contre les entraves de la souffrance physique. Personne pourtant n'était d'un caractère plus doux et plus égal ; personne plus que lui n'aimait à rendre service, suivant en cela les généreux exemples de sa mère, Augustine Mérimée, que

---

(1) Les Mémoires de Fresnel n'ont pas été réunis en corps d'ouvrage : ils sont épars dans diverses collections , dans les *Annales de Physique et de Chimie*, 1816-17-18-19-20-21-25; dans le *Bulletin de la Société Philomatique*, dont il était membre, 1822 23-24 ; dans les *Mémoires de l'Académie des Sciences*, V et VII etc. M. Arago a donné dans la *Revue de Paris* une analyse des travaux de Fresnel, son collaborateur et son ami.

les pauvres n'invoquèrent jamais en vain : son appui et ses conseils étaient assurés, sa maison était ouverte à tous ses jeunes com-
patriotes que leurs études appelaient à Paris ; plusieurs peuvent
en témoigner parmi nous.

Courageux et constant dans ses opinions, sous cette même restauration pour laquelle il s'était armé, il refusa, lui presque pauvre, d'acheter une position élevée et lucrative par des complai-
sances pour un pouvoir qui ne répondait plus à ses généreuses il-
lusions .(1).

L'esprit spéculatif de Fresnel ne s'était point enfermé dans le
domaine des lois physiques ; derrière les vérités démontrées par la
science, il entrevoyait l'auteur éternel de toute vérité, et il aimait
parfois à se détacher de cette terre pour se reposer dans la contemplation des œuvres magnifiques de Dieu. Il disait dans un des
quelques fragmens poétiques qu'il a laissé échapper :

> Dans cet effort puissant qui soulève les mers,
> Je vois le bras du Dieu qui forma l'univers ;

---

(1) C'était peu de temps après sa réception à l'Institut. La place en question était pour Fresnel, eu égard à la modicité de sa fortune, d'une haute
importance. Le ministre à la nomination duquel elle était, fit appeler Fresnel. Après quelques complimens flatteurs adressés au jeune physicien sur
sa réputation européenne, il entre brusquement en matière : « Répondez-
moi franchement, monsieur Fresnel, êtes-vous des nôtres ; — Monsieur, ma
conduite de 1815 vous offre des garanties sur mon opinion et mon courage
politique, et si j'avais l'avantage de siéger à la chambre des députés, je
tiendrais à honneur de prendre place entre MM. Royer-Collard et Camille
Jordan. — Fort bien, Monsieur, dit le ministre en le congédiant, je vous re-
mercie de votre franchise. » Inutile de dire que Fresnel ne fut pas nommé.
*(Biog. des Contemporains.)*

Vers ce Dieu je m'élève, et mon âme agrandie
Après tant de chagrins me montre une autre vie (2).

C'est ainsi que depuis Kepler et Newton , jusqu'à La Place et Cuvier, chacun des grands interprètes de la nature ajoute un nouveau chant à l'hymne solennel qui s'élève des mondes vers le créateur.

LÉON PUISEUX.

---

(2) *Notice* de M. Marc.

# DUMONT-D'URVILLE.

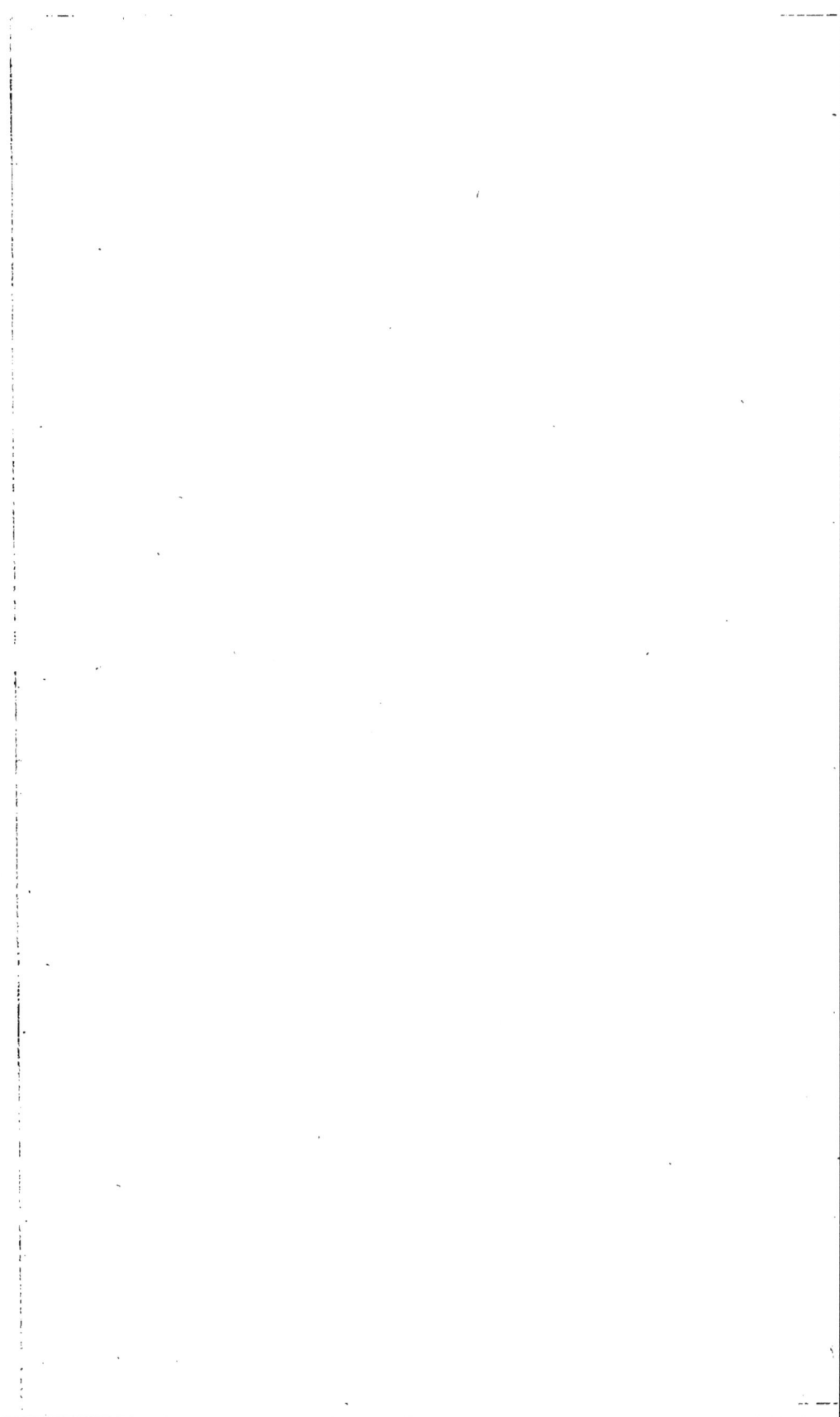

# DUMONT-D'URVILLE.

Certaines réputations trouvent dans le malheur une consécration suprême, qui vient encore ajouter à leur éclat : ôtez à la vie de beaucoup d'hommes la fin tragique qui la couronne, ôtez à Archimède l'honneur de sa mort, à Pline-l'Ancien sa généreuse imprudence, à Lapeyrouse le triomphe de son naufrage, et vous obscurcirez en partie ces gloires brillantes. — Si Dumont-d'Urville fût mort au sein du repos, alors que se taisent les bruits soulevés par les grandes actions, s'il eût survécu à sa renommée récente, le jour de la postérité se serait levé pour lui moins étincelant et plus tardif. — L'infortune a popularisé cette gloire, acquise par de si pénibles efforts; et ce sera parmi les hommes un éternel sujet d'entretien que la destinée de cet homme, entraîné par un invincible amour vers des contrées lointaines, joignant à l'aventureux courage qui fait tenter les découvertes, la science qui les dirige, et le génie qui les conçoit, et sur le déclin précoce d'une vie passée sur des mers inconnues ou tristement fameuses, rece-

15

vant pour salaire une mort obscure et sans combats, qui frappe du même coup le père et le fils et la mère.

Il était né en 1790, à Condé-sur-Noireau, d'une famille noble et héréditairement honorée de fonctions judiciaires. Son enfance, comme toutes les enfances, fut l'élaboration de sa carrière future ; et quand même des détails certains ne l'attesteraient pas, on se le représente invinciblement, s'animant au récit des courses lointaines, au tableau des mystérieuses merveilles cachées par l'Océan, au péril des hardis navigateurs, et rêvant un nouveau monde dont il serait le Colomb. Le Lycée de Caen, si riche en illustres élèves, le compta parmi ses disciples ; puis quand le temps fut venu de dépenser dans l'action les richesses amassées par une solide éducation, après un essai d'entrée à l'Ecole Polytechnique, il fut envoyé à Brest comme aspirant. Quelques années après, sous les ordres du capitaine Gauthier, chargé d'explorer les côtes de l'archipel grec, nous trouvons un jeune enseigne, son Pausanias toujours à la main, s'enthousiasmant à la vue de ces lieux, séjour du génie antique, recherchant curieusement les traces de leur grandeur, ou les richesses de leur végétation, signalant le premier cette Vénus de Milo ignorée, aujourd'hui au Louvre, et rapportant de ses excursions un magnifique herbier ; c'est Dumont-d'Urville. Il prélude à des expéditions plus lointaines. En 1822, la corvette la *Coquille* met à la voile et se dirige vers ces Océans inexplorés et cachés au sud, vers ces parages que d'Urville devait le premier arracher au mystère ; elle l'emporte comme second, et deux ans et demi après, elle le ramène, en 1825, chargé de collections où s'étaient entassées les espèces inconnues à la science, les insectes bizarres de ces régions, et surtout, plein d'un immense désir de revoir ces pays où l'appelle l'instinct de son génie.

C'était le temps ou des marins anglais avaient par leurs récits rappelé l'attention sur cette obscure destinée de Lapeyrouse, sur cette énigme dont d'Entrecasteaux avait vivement demandé le mot à l'Océan. Capitaine de frégate, à bord de la *Coquille*, désormais appelée l'*Astrolabe*, en mémoire du navire que montait Lapeyrouse, Dumont-d'Urville partit en 1826 et se dirigea vers l'Australie, à la recherche des traces de son prédécesseur. Découvrant sur sa route de nombreuses petites îles, relevant les côtes, redressant les erreurs, il déployait partout un courage et une opiniâtreté admirables; mais on parvint jusqu'à Amboyne sans trouver une seule trace de l'expédition de 1785. A Hobart-Town, il apprend quelques détails, revient sur ses pas à travers huit cents lieues d'une mer semée de récifs, et aborde à un îlot montagneux que les brisants entourent d'une gigantesque ceinture: là tout s'éclaircit; là les canons, les ancres et les boulets découverts par la marée décélèrent le tombeau des deux vaisseaux français; les marins et leur chef élevèrent pieusement un monument à leurs pères, et le cœur serré et tout plein du pressentiment d'un malheur pareil, on remit à la voile, on revit des îles déjà explorées, on en parcourut d'autres, et l'*Astrolabe*, victorieuse des tempêtes et des écueils, rentra à Toulon après 3 ans d'absence. Pendant ce temps la géographie, l'histoire naturelle, la langue de ces peuplades, tout avait été étudié par Dumont-d'Urville, et outre ses collections, il rapportait cette classification lumineuse des îles de l'Océanie, adoptée par tous les géographes, et consignée dans cette magnifique publication du navigateur; *Le Voyage de l'Astrolabe*.

1830 était arrivé, et Dumont-d'Urville fut, on le sait, chargé de conduire à l'exil la royauté déchue.—Quelques années de repos avaient semblé longues à son activité, et il méditait un dernier voyage, le plus fertile en dangers comme en gloire. Le ministre, le roi lui-même l'encouragèrent, lui donnèrent leurs instructions, et en septembre 1837, l'*Astrolabe* et la *Zélée* quittèrent Toulon, et traversant l'Atlantique voguèrent vers l'extrémité méridionale de l'Amérique.—Déjà le détroit de Magellan est franchi, et exploré en tous sens, les côtes de la Terre de Feu ont disparu et les deux corvettes continuent leur route vers le sud. C'est là que d'Urville veut les guider à la recherche d'une mer libre de glace, au delà de cet Océan glacé, et à la découverte du pole magnétique, que les physiciens placent dans ces parages. Il s'avance hardiment entre ces montagnes flottantes, toujours prêtes à broyer ses navires ; une longue plaine de glace l'arrête ; il la cotoie, et apercevant un étroit passage vers le sud, il s'y engage intrépidement : on marche quelques jours, bientôt la glace étend de nouveau devant lui sa barrière infranchissable ; il veut retourner ; mais la mer s'est fermée derrière lui, et les deux navires sont emprisonnés dans un étroit espace, ou l'œil désespéré ne voit que de longues murailles blanchâtres qui semblent s'étendre à l'infini. D'Urville, maître de lui, redonne à son équipage la fermeté qui l'anime ; on se met à l'œuvre et la glace brisée sous l'effort des bras est forcée de souvrir... Après une nouvelle tentative après avoir reconnu des contrées ignorées, la *Terre-Louis-Philippe*, entr'autres, le commandant se dirige vers l'ouest, voit les Marquises et Otahiti, les Marianes, les Moluques, etc., etc.; partout la sonde et le compas à la main, il se livre à de continuelles observations ; et revenant aux régions antarctiques qui l'ont repoussé une première fois, il va retrouver la terre *Adélie* jusques sous le cercle polaire.

Echappé à mille dangers, après un voyage de plus de trois ans, il rentra en France; sa gloire avait grandi, mais sa vie s'était usée à cet implacable labeur, les souffrances du cœur s'étaient jointes aux fatigues : trois fois la mort vint lui enlever des enfans qu'il chérissait. Un seul lui restait et promettait un digne héritier de son nom... On sait la fin de cette existence ; échappé aux glaces du pôle, aux écueils du détroit de Torrès, aux tempêtes des mers australes, Dumont-d'Urville vint obscurément mêler sa cendre et ses restes méconnaissables à ceux de son fils chéri et de sa femme, dans cette fatale catastrophe du 8 mai 1841. Un wagon embrasé fut le tombeau du marin, à qui l'Océan n'aurait pas dû refuser une sépulture plus glorieuse. (1)

E. Charles.

(1) Nous n'avons fait qu'esquisser la vie du célèbre marin, afin de l'encadrer à sa place dans cette galerie de portraits. L'*Eloge de Dumont-d'Urville* par M. Roberge, œuvre couronnée par l'académie royale de Caen, et qui est ici dans toutes les mains, nous dispensait d'en dire d'avantage.

# TABLE DES MATIERES.

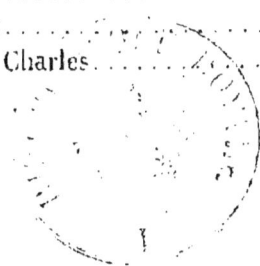

# ERRATA.

Page 22 , ligne 4 , au lieu de *par Ronsard*, lisez *par Ronsardiser*.
— 28 , — 10 , au lieu de *erit hoc*, lisez *erit hæc*.
— 33 , — 10 , au lieu de *Son père était etc*, lisez *Son père était un honnête cultivateur, d'une fortune modique, mais considéré, et qui mourut syndic de sa commune en 1788. Le père de La Place avait deux frères qui tous deux avaient embrassé des professions libérales, l'un était ecclésiastique, l'autre médecin.* Nous devons ce renseignement à l'obligeance de M. Follebarbe, maire actuel de Beaumont, et qui a voué un véritable culte à la mémoire de son illustre compatriote.
— 34 , — 14 et 16 , supprimez ces mots : *et charitables.... et fournirent aux premiers frais de son éducation.*
— 41 , — 6 , au noms de *Lavoisier, Berthollet, Chaptal,* ajoutez celui de *Fourcroy.*
— 52 , — 25 , au lieu de *li*, lisez *il*.